图书在版编目（CIP）数据

　　风雅中国：杨泓说文物 ／ 杨泓著．－－ 北京：文物
出版社，2022.3
　　ISBN 978-7-5010-7117-3

　　Ⅰ．①风… Ⅱ．①杨… Ⅲ．①文物-考古-中国-文
集 Ⅳ．① K870.4-53

　　中国版本图书馆 CIP 数据核字 (2022) 第 034807 号

风雅中国——杨泓说文物

杨　泓　著

责任编辑：郑　彤
书籍设计：特木热
责任印制：王　芳
出版发行：文物出版社
社　　址：北京市东城区东直门内北小街 2 号楼
邮　　编：100007
网　　址：http ://www.wenwu.com
经　　销：新华书店
印　　刷：河北鹏润印刷有限公司
开　　本：880mm×1230mm　1/32
印　　张：7.5
版　　次：2022 年 3 月第 1 版
印　　次：2022 年 3 月第 1 次印刷
书　　号：ISBN 978-7-5010-7117-3
定　　价：78.00 元

风雅中国

——杨泓说文物

杨泓 著

文物出版社

目 录

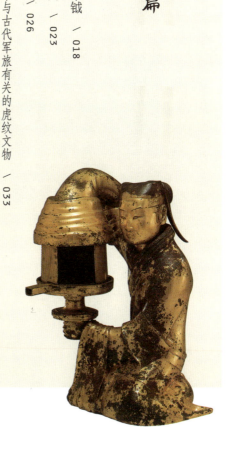

Part I

文化篇

地下星空

1960～1962 年，考古工作者在陕西西安发掘了一座唐墓，埋葬的是永泰公主李仙蕙。这座墓里绘有极精美的壁画，它们受到艺术家的赞扬，认为是古代艺术珍品。其中有一幅日、月、星宿图，绘在主室的穹隆顶上。在深灰色的天穹，棋布着点点明星，一带银河从东北斜画向西南，西方绘出一钩弯月，与它对应的东方是圆圆的太阳。这幅写实性很强的天象图，引起了人们的注意。同样的日、月、星宿图，在河北等省的唐墓中也发现过。

这种在墓室顶部绘画天象图的做法，据记载，似乎起自秦代。墓顶画的星象图，是用来模拟实际的天空的。我国现存最早的一幅星象图，正是这样深藏在地下保存到现在的。

迄今我国发现的最早的星象图，画在河南洛阳老城西北郊一座西汉壁画墓前室的顶脊上（图一）。根据墓葬的结构和出土器物，可以断定这座墓的年代约为公元前 48～前 47 年。

因此，这幅古老的星象图大约是 2000 多年前的作品了。这幅日、月、星象图是长条状的，连续绘在脊顶 12 块长方砖上。图是先用白粉涂底，然后在上面用朱、黑两色画满流畅的云纹，

图一　河南洛阳烧沟61号
西汉壁画墓的日月
星象图（局部）

在流云纹间布满朱红色的星点。由西向东，第一块砖上画着一轮红日，里面还飞翔着一只古代用来象征太阳的"金乌"；第七块是绿色的满月，里面伏着蟾蜍和飞奔的玉兔，在月亮旁边还画有星象。所以，除了第一块外，其余 11 块砖上都画着星宿，大部分一块砖上画一组星宿，也有几块画着两组的。根据夏鼐先生的研究，第二砖上东侧七星是"北斗"，西部五星是"五车"星；第三砖东部环绕成圆形的七星是"贯索"，西部三星是二十八宿中的"房宿"；第四砖是"毕宿"和"昴宿"；第五砖是"心宿"；第六砖是"鬼宿"；第七砖月亮西边的两颗星是"虚宿"；第八砖是"危宿"三星；第九砖中央三星是"河鼓"即"牵牛"，另

图二　山东枣庄出土
　　　画像石上的日、
　　　月、星象图

图三　河南南阳白滩
　　　出土汉画像石
　　　上的星象图

外三星是河鼓的辅星"旗星"（右旗）；第十砖与河鼓相邻，应是"织女"，这两组星宿是我国古代著名的"七夕"神话的主角；第十一砖可能是"柳宿"；最末一砖有一部分被隔墙遮断，上面画的可能是"参宿"。把这幅彩绘的星象图与《史记·天官书》对照，可见这幅图是从汉代天文学家将满天星宿分成的"五宫"（中、东、南、西、北）中，每宫选取几个重要的星座（如"中宫"的北斗、五车和贯索，东方的心、房二宿），用来象征整个天穹。

在过去发现的汉代画像石里，也有星象图（图二、三），例如著名的山东武梁祠和孝堂山的画像石。前者只有北斗；后者除日、月外，虽有北斗、织女以及参、心、房、柳等宿，但是都比洛阳这幅星象图简单。

通过这幅 2000 多年前绘成的星宿图，我们可以形象地了解当时中国天文学知识的水平。但是西汉的这幅星象图，因为画面是长条形，所以难以按照天体原来的位置来安排各组星宿，这还是比较早期的画法。魏晋南北朝以后，墓中所画的星象图更进一步，星宿的组成、方位日益符合天体实际情况（图四、五）。由于墓顶砌成穹隆形状，在上面画出星宿来，有点近似现在天文馆里天象厅中的穹顶，使人仰头一望，像置身于星空之下，真实感相当强。

（原载《科学大众》1965 年第 4 期）

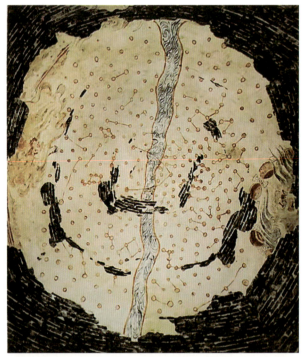

图四　北魏元乂墓墓
　　　顶的星象壁画

图五　河北宣化辽墓
　　　天象壁画

针的功夫

传说唐代大诗人李白幼年学习不专心，后见老妇人正在磨铁杵，想将它磨成绣针，老妇人坚持磨做不息的坚强的意志感动了他，于是李白发愤读书。因此俗语说："铁杵磨成针，功到自然成。"这只是关于励志的一个故事，实际上谁也不会真费那样大的功夫去用铁杵磨针。但是，回想起远古的人最初创制缝针的艰苦劳动，恐怕也就得有铁杵磨针的功夫哩！

在我国远古，现知年代最早的针，发现于北京周口店旧石器时代晚期"山顶洞人"的居址中。这是一枚长 8.2 厘米的骨针，针锋锐利，并且在尾部还挖有小针孔。从当时的生产水平看，是一件极精致的产品（图一）。这证明在距今约 5 万年以前，我们的远祖已经穿上了衣服，掌握了最原始的缝纫技术。

图一　北京周口店山顶遗址
　　　　出土旧石器时代骨针

　　以后，在我国各地的新石器时代遗址中，常常发现各种骨针。它们的制法都是先将骨料劈成一条条的形状，然后在砺石上磨光针身，加工出针锋来，在当时这仍是一种极精细的工艺。这些针的形状，有的一端有尖而另一端有穿孔；有的一端尖而另一端无孔；还有的两端都磨出针尖来。大约第一种是缝纫用的，有孔可穿线；后两种则是用来作别缀用的别针。因为骨质脆而易折，不很坚韧，在缝制皮衣等时，可能先用骨锥等穿孔，然后穿针引线，缝制衣服，与现在绱鞋的技法相仿。

　　到了商代，据说已经有了青铜质的针，但是用青铜铸造这样小的工具非常困难，所以普遍使用的还是骨针。只有铁质的针出现以后，骨针才丧失了它的垄断地位。铜针在后来的考古材料中也有发现，长沙的一座西汉墓里曾出土过一枚，长10厘米，有鼻。在西汉刘胜墓里，还出土有4枚金针和5枚银针，这些针的上端做成方柱形的柄，针锋各不相同，有尖，有钝，还有三棱形或卵圆状的，据专家考证，这是古代用来进行针灸用的医针（图二）。

　　早在山西侯马的东周遗址中，就出现了铁质的针。到了汉代，铁针的使用日趋普遍。由于金属针的针身细小而坚韧，缝纫时用手指去顶针容易戳破皮肤，就相应地出现了"顶针"。在洛阳烧沟西汉末年的墓葬里，发现了不少件铜顶针，形状和现在使用的一样，其中有一枚在出土时还套在人指骨上。更讲究些的顶针，

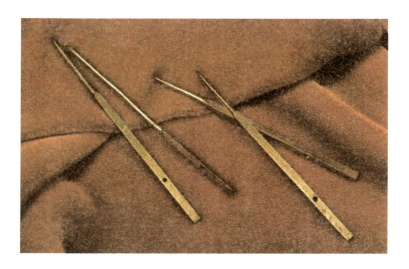

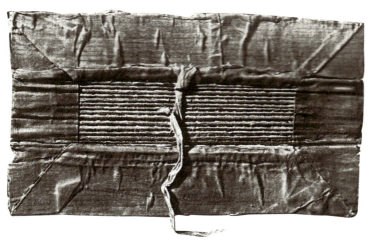

图二 河北满城西汉刘胜墓
出土金针和银针

图三 湖南长沙马王堆一号
西汉墓出土针衣

常常用金、银来制造。在江苏宜兴西晋墓里发现过金顶针；在广州的一座西晋永嘉年间的墓里，出土过银质的顶针。

妇女平日贮藏缝衣针，常有针筒、针囊、针衣等物。在长沙马王堆一号西汉轪侯夫人辛追的墓中，在随葬的漆九子奁内，就有两件针衣，形制基本相同，都是用细竹条编成帘状，两面蒙上绮面，四周又镶上绢缘，并有一条束带。在帘上中腰处缀有一段宽丝带，上面隐约可以看到针眼痕迹，当系插针之用（图三）。可惜出土时其中均未插针。在墓中出土的"遣策"木简中，记录的名称为"针衣"。

由于缝制衣服必须用针，而古来制衣又是妇女的工作，所以针线活做得好坏也常是评定女子巧拙的标准之一，于是就有了每

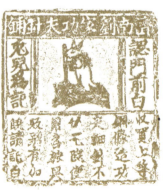

图四 中国国家博物馆藏北宋刘
家针铺广告铜版及印纹

年七夕时穿针"乞巧"的风俗。

中国国家博物馆里藏有一块宋代济南刘家功夫针铺印刷广告的铜版，上面除了代表刘家针铺的白兔商标外，还特别标出"收买上等钢条，造功夫细针"等语（图四）。可见由于受钢铁机械处理和热处理技术的限制，直到宋代，制针还是相当费工的。只有掌握了冷作拉丝技巧之后，才能大量生产质量高、价格低的钢针。

明代宋应星《天工开物·锤锻》有一段记载："凡针，先锤铁为细条，用铁尺一根，锥成线眼，抽过条铁成线，逐寸剪断为针。先锉其末成颖，用小锤敲扁其本，刚锥穿鼻，复锉其外，然后入釜，慢火炒熬。炒后以土末入松木、火矢、豆豉三物罨盖，下用火蒸。……火候皆足，然后开封，入水健之。凡引线成衣与刺绣者，其质皆刚，惟马尾刺工为冠者，则用柳条软针，分别之妙，在于水火健法云。"这一方面详尽地说明了钢针的制造过程，同时也反映出我国古代在钢铁机械处理和热处理方面的成就。

（原载《人民日报》1962 年 4 月 21 日）

威严和权势的象征——钺

　　商周王侯墓出土的大青铜钺，是具有传奇色彩的特殊兵器，是威严和权势的象征物。《史记·殷本纪》记述，商朝的开国君主成汤，曾经亲自持钺指挥六军征伐昆吾，继而灭桀，取代夏朝，建立了商朝。表明钺并非一般的兵器，而是统帅权威的象征物。同时，钺也是当时国君授予诸侯权力的象征物，商王命周文王昌为西伯时，也赐钺于他。到西周时，钺依然是显示王权威严的象征物，当武王伐商纣，誓于商郊牧野时，他"左仗黄钺，右秉白旄以麾"。当商纣自焚于鹿台后，武王"至纣死所。武王自射之，三发而后下车，以轻剑击之，以黄钺斩纣头，悬大白之旗。已而至纣之嬖妾二女，二女皆经自杀。武王又射三发，击以剑，斩以玄钺，悬其头小白之旗"。明日举行社祭，"周公旦把大钺，毕公把小钺，以夹武王"。这些都见于《史记·周本纪》的记载，均表明钺是权威的象征物，也是刑杀之器。至今已历数千年，商周君王当年所执的钺究竟何等形貌？人们仅据文献的记述，还是不甚分明。迟到明清时期，皇帝的大驾卤簿的仪仗中虽然还有"金钺"，但只是"朱漆攒竹竿，刻木为斧形，承以龙头贴金饰，置竿首"，全失商周时钺的原貌。只是近年来田野考古发掘所获得的新成果，才逐渐将商周时钺的真实形貌揭示于世人面前。

　　山东省益都县苏埠屯商代大墓出土的两件形体硕大的青铜钺，发现较早。那座墓内埋葬的死者，应是商王朝时东方某方国的方伯，很可能是薄姑氏的国君。墓中随葬的两件青铜钺体长一为 31.7 厘米，一为 32.5 厘米；刃宽一为 34.5 厘米，一为 35.7 厘米。皆厚重精美，钺面透雕出张口怒目的人面形图案，眉、目、鼻、口皆镂空，显得狰狞威严，令人生畏。其中一件在人面两侧，还有"亚醜"铭文（图一）。这种硕大沉重的青铜钺，不适于在实

图一　山东益都苏埠屯
商墓出土青铜钺

战中使用，乃是权势的象征物。也可用于刑杀，在出军征伐胜利凯旋后，举行献俘祭祀时使用。由墓内所葬死者的身份，可推知这两件大青铜钺系附庸商王朝的方伯权威的象征物。后来在湖北省黄陂县盘龙城的商墓中，也出土一件大青铜钺，体长略长于苏埠屯铜钺，但刃宽又略狭些，长41厘米，刃宽26厘米，其性质也同苏埠屯铜钺相同，是当地方伯身份的人物所拥有。

　　至于属于殷王的钺，目前还没有被发现，但是在1976年于殷墟发掘的妇好墓中，出土过两件比苏埠屯铜钺更为硕大沉重的青铜钺。那座墓中埋葬的死者是妇好。她是商王武丁的配偶，也是当时重要的军事统帅。据甲骨文的记录，她曾多次受命于商王，统率大军，南征北伐。出土的两件大钺分别体长39.3厘米和39.5厘米，体重分别为9千克和8.5千克。一件钺上饰有双虎扑噬人头的图案，另一件上饰身躯向左右分别伸展的双体龙纹（图二），并且都有"妇好"铭文。它们器体厚重，纹饰精美而且具有神秘的威慑感，正是妇好生前崇高身份和军事统帅权力的象征。通过商王武丁配偶妇好青铜钺的形貌，我们自可推知商王所自用的青铜钺，当更为硕大而精美。

　　西周时国君使用的钺也还没有被发现，但从历史文献和青铜器铭文中经常可以看到当时钺仍是威严和权势的象征（图三），特别是命将帅出征赐钺更形成一种制度。在陕西宝鸡出土的西周宣

图二　河南安阳殷墟
妇好墓出土商
代青铜钺

王时的虢季子白盘，是现存商周青铜水器中最大的一件，现藏于国家博物馆。盘的中心铸有长达 111 个字的长篇铭文，其中就有"赐用戉（钺），用征蛮方"的内容。直到东周时，青铜钺仍是权威的象征物。河北省平山县战国时中山王陵墓出土的钺（图四），就是当时诸侯国的国君用钺的典型代表。那件青铜钺体长 29.4 厘米，刃宽 25.5 厘米，钺身上有三角形状的山形图案，并有铭文 16 字，说明受命于周天子的中山侯威严不可侵犯。在钺柄的顶端饰铜帽，柄的末端饰错银镈。大钺制工精致，但威重浑厚之感不及商代大钺。

（原载香港《文汇报》1994 年 5 月 4 日）

图三 甘肃灵台白草坡出土西周虎纹铜钺

图四 河北平山战国中山王墓出土青铜钺及帽、镈

从老虎守门
到狮子守门

我们常常看到很多大门前放有一对石雕的狮子，一雌一雄，雄的足下踏着一只绣球，雌的足下依偎着一只幼狮。狮子卷鬃巨口，肌肉劲健，威猛有势，给人以庄严浑厚的感觉。

在大门前放狮子，不外是为了保卫门户，驱除邪祟。其实在我国最早是在门前放置老虎的，用以示威驱邪。古人认为虎是山兽之君。《风俗通义》谓："虎者阳物，百兽之长也，能执搏挫锐，噬食鬼魅。"所以早在周代，就画虎于门，以示威猛。现在我们可以看到发掘出的汉代墓葬的墓门上常雕刻有"白虎"，用来辟邪（图一）。

至于狮子，它是汉代才传入中国的动物。据文献记载，最早来到中国的狮子，是在东汉章帝章和元年（87年）由安息国王送来的。也是在汉代，佛教传入我国，而狮子在佛教里是很有地位的，佛经中就称释伽为"人中狮子"，它是勇猛精进的象征，也是佛前很重要的护法。这样，狮子这一威猛而有风采的兽王的形象，就逐渐成为中国雕刻艺术中常见的题材了。

图一　陕西神木大堡当东汉
　　　画像石墓门柱上的虎
　　　纹（左）和龙纹拓片

图二　陕西唐代顺陵石狮　　　　　图三　故宫太和门前的鎏金铜狮

东汉的狮子像，以山东嘉祥武氏祠前石狮最突出。以后南北朝时佛教盛行，各地开凿了很多巨大的石窟，常雕金刚力士、狮子等护法。大部分狮子都是蹲坐的，造型较古朴，线条简单有力，身上没有什么华饰。从唐代以后，狮子身上增加了许多璎珞华饰，据说是受了当时流行的"五方狮子舞"的影响。

唐宋以来，守门狮子的做法日益普遍（图二），一般住宅前也开始放置了，但造型还不固定，姿态各异。而到明清，则门前狮子的形象固定化了，就是一种头颈上满是卷鬃、踞立石台座上的姿态（图三）。天安门前金水桥旁的石狮子，就是这一时期石雕作品的典型。

（原载《北京晚报》1962 年 11 月 24 日）

古文物图像中的相扑

　　相扑，早期又称"角抵"，是我国古代盛行的摔跤运动。五代时后唐的大将李存贤精于此道，《旧五代史》本传中说他"少有材力，善角觝（抵）"，并记录了以下的故事："初，庄宗在藩邸，每宴，私与王郁角觝斗胜，郁频不胜。庄宗自矜其能，谓存贤曰：'与尔一搏，如胜，赏尔一郡。'即时角觝，存贤胜，得蔚州刺史。"这反映当时在宫廷显贵间摔跤运动极为流行，帝王将相亲自参加比赛。其实，在这以前的唐代乃至更早的南北朝时期，宫廷中已经盛行摔跤。有时在宫闱斗争中，这种运动竟被用作暗杀的一种手段。例如，北齐后主高纬准备杀掉南阳王绰，但又"不忍显戮"，于是暗使宠胡何猥萨利用在后园与高绰相扑之机，下毒手扼杀了他（《北齐书·武成十二王传》）。

　　这种运动的历史，看来至少可以上溯到春秋时代。《左传·僖公二十八年》记晋楚"城濮之战"前夕，"晋侯梦与楚子搏，楚子伏己而盬（gǔ）其脑"。搏即手搏，也就是摔跤。考古发掘中获得的年代较早的摔跤图像资料，属于战国末期到西汉初的作品，有在陕西长安客省庄第 140 号战国末年墓中出土的铜饰牌和湖北江陵凤凰山秦墓中出土的漆绘人物画木篦。客省庄出土的铜饰牌

图一　陕西长安客省庄第 140 号
战国墓出土铜饰牌角抵图

共两件，大小相同，牌长 13.8 厘米，宽 7.1 厘米，发现于墓中所
葬死者腰下两侧，是嵌在腰带上的装饰品（图一）。牌上有相同的
透雕图像，描绘在茂密的林木中的一场摔跤比赛。居中是二人摔
跤。他们乘骑的鞍辔齐备的骏马，分别系在两侧的大树上。比赛
双方都赤裸上身，下穿长裤，互相弯腰扭抱。左边的人用右手搂
住对手的腰部，左手抓紧对手的后胯；右边的人用两手分别抱住
对手的腰部和右腿。双方相持不下，都想奋力摔倒对方，夺取胜利。
从铜饰的造型风格看来，它们应属于内蒙古一带地区具有游牧民
族特色的青铜艺术品，可能是与活跃在我国北方的匈奴等古代民
族有关的遗物。与这两件铜饰相同的标本，以前曾有发现，但都
是出土地点不明的传世品，因此这些铜饰还难以作为中原地区摔
跤历史的形象资料，而这一欠缺正好为湖北江陵的考古发现所弥

补。江陵凤凰山秦墓出土的木篦，在圆拱形篦背的两面都有漆绘
人物画，其中一面绘有角抵图，右边二人对搏，左边一人旁观。
三人的装束相同，头上都没有戴冠，只束发髻，上身赤裸，着短裤，
腰系长带，在后腰打结，带端飘垂于臀后。对搏双方正相向扑来，
旁观者侧身而立，前伸双臂，全神贯注地观察着双方，又像在指
点他们进行训练（图二）。漆画用笔简练传神，正是当时摔跤运动
的真实写照。两汉的角抵沿袭着秦代的传统，有关图像只有东汉
晚期的壁画，发现于河南密县打虎亭2号墓的中室北壁券顶东侧。
对搏双方都是面带胡须的壮士，服饰基本上与秦代漆画相似，赤
膊光腿，束短裤，不带冠，但是发式是朝天束成的发辫，足登翘
头的黑履（图三）。

图二　湖北江陵凤凰山秦墓出
土木篦漆画角抵图

图三　河南密县打虎亭2号
东汉墓壁画角抵图

秦汉时期，角抵表演常与优俳百戏杂技一起进行。《史记·李斯列传》："二世在甘泉，方作觳抵优俳之观。"觳抵即角抵。应劭曰："战国之时，稍增讲武之礼，以为戏乐，用相夸示，而秦更名曰角抵。角者，角材也；抵者，相抵触也。"《汉书·西域传赞》：汉武帝时"设酒池肉林以飨四夷之客，作巴俞都卢、海中砀极、漫衍鱼龙、角抵之戏以观视之"。到了南北朝，角抵与百戏杂技分离，完全成为角力决胜的摔跤运动，又称"相扑"，正像上文所讲，不仅流行于宫廷权贵之门，而且一些高级统治者也亲身参加比赛。

南北朝到隋唐时期相扑的图像，在敦煌莫高窟的壁画以及出自藏经洞的彩色幡画和白描图中，都有发现。比较早的如在第290窟的窟顶北周时期的佛传故事连续画中，有太子较射比武的画面，其中就有一幅相扑图，描绘太子已取胜，左手拿住对方脖颈，右手抓住对方右脚踝，正要用力把他抛翻在地。这幅画作风古朴，笔法有力，线条粗疏，色彩浑厚，勾画出的人物显得拙朴生动（图四）。出自藏经洞的唐代佛幡绢画，描绘的也是佛传故事，题材相同，但其作风与北周壁画完全异趣，笔调细腻，色彩鲜明，画家选取双方正在对峙、准备伺机扑向对方的一刹那，也是传神之笔（图五）。另一幅唐代相扑图，当是白描的粉本，相扑的双方扭抱在一起，筋肉凸张，劲武有力，显示出人体的健美和力量（图六）。上述三幅图像各自描绘了相扑过程的一个片段，表现的恰好是三个主要的环节，把它们依次连接起来，我们就得到古代相扑的一个完整印象。唐代佛幡绢画应该排在第一幅，表

图四　敦煌第 290 窟北周壁画相扑图

图五　敦煌藏经洞唐代幡画相扑图

现的是相扑开始时的情景，比赛双方都警惕地摆好架式，小心地移动着位置，窥伺对手的空当，准备猛扑上去。唐代白描图应作为第二幅，描绘的是相扑的高潮，双方已扭抱在一起，全力以赴地要把对方摔倒。敦煌第 290 窟壁画应是第三幅，表现的是相扑的尾声，胜负已定，败北一方正被胜利者抛翻在地。

　　这三幅图像中相扑的装束，保留着秦汉的传统作风。比赛双方上身完全赤裸，下身光腿赤足，仅在腰胯束有短裤。头上一般是梳髻不冠，也有时戴幞头。在《延安地区石窟艺术图片展览》中，可看到在宜君福地水库西魏大统六年 (540 年) 石窟中也有一幅相扑的浮雕，其服饰特点与上面所述相同。这样的装束在中国古代摔跤运动中一直沿用到明清时期。在元明间成书的小说《水浒全传》中，第七十四回《燕青智扑擎天柱》就对相扑前脱衣服准备的情况有生动具体的描述。当燕青跳上献台时。"部署道：'你且脱膊下来看。'燕青除了头巾，光光的梳着两个角儿，脱下草鞋，赤了双脚，蹲在献台一边，解了腿绷护膝，跳将起来，把布衫脱将下来，吐个架子"。这里的献台，是专为比赛而搭的。明杨定见本《水浒传》插图中亦有描绘相扑时的形象，同样的形象还可在一件明嘉靖五彩武戏图有盖壶上看到，只是画出的相扑者不是赤足，而是穿有靴子。

宋代相扑极为流行，相扑表演由宫廷权贵的宴会上，普及到平民游乐场所和庙会，成为一般市民喜爱的项目。在南宋首都临安（今杭州），除了皇帝大开宴会时有官军表演的大型集体相扑外，在平民游乐场所和庙会上都有相扑表演，民间还组织相扑的专业性伎艺团体，名叫"角抵社"（周密《武林旧事》卷三）。当时在护国寺南高峰露台上，就有各地来的高手互相比赛。据《梦粱录》："若论护国寺南高峰露台争交，须择诸道州郡膂力高强、天下无对者，方可夺其赏。如头赏者，旗帐、银杯、彩段、锦袄、官会、马匹而已。"《武林旧事》所录当时角抵名手有王侥大、张关索、

图六　敦煌藏经洞唐代白描相扑图

图七　吉林集安洞沟角抵冢壁画角抵图

撞倒山、王急快等共 44 人之多。宋代不但有男子相扑、小儿相扑，还有妇女参加的相扑比赛。女子相扑时的装束也和男子差不多，也是肢体裸露的，这对当时的封建礼教是一种大胆的冲击。司马光因此特别写了《论上元会妇人相扑状》上奏皇帝，指出"今月十八日圣驾御宣德门，召诸色艺人，令各进技艺，赐与银绢，内有妇人相扑亦被赏赍……今上有天子之尊，下有万民之众，后妃侍旁，命妇纵观，而使妇人裸戏于前，殆非所以隆礼法示四方也"。他要求"仍诏有司，严加禁约，今后妇人不得于街市以此聚众为戏"（《温国文正司马公集》卷二十一，《四部丛刊》本）。但是看来女子相扑还是受群众欢迎的项目，司马光的奏状并没有生效。直到南宋，首都临安城内，女子相扑依然流行，当时有名的女子摔跤手就有嚣三娘、黑四姐等多人。

除了中原地区，边疆的一些古代少数民族中也流行角抵比赛，在吉林集安发现的 3 世纪中叶到 4 世纪的高句丽族墓室壁画中，常常出现角抵图像，其中的通沟禹山下墓区中角抵冢左壁那幅最著名。画面上两人在一棵大树下搂抱而搏（**图七**），旁边有一老人拄杖观看。角抵者的装束也和秦汉墓出土的材料相近似，全身赤裸，只束一条黑色短裤。

我国古代的相扑对东邻日本有很大影响，至今这种运动还是日本人民所喜爱的项目，而且一直保持着"相扑"的名称，比赛者的装束还保持着唐代的风格。

（原载《文物》1980 年第 10 期）

虎贲·虎符·虎节
——与古代军旅有关的虎纹文物

中国古代，将虎视为"山兽之君"，也就是兽王。又因它凶猛，故被视为武勇的象征，常以之称誉军中勇猛善战的将士。三国时期，曹军中名将许褚，被称为"虎痴"，而被马超称为"虎侯"。据《三国志·魏书·许褚传》，曹操率军攻打韩遂、马超时，操曾与遂、超等单马会语，"左右皆不得从，唯将褚。超负其力，阴欲前突太祖，素闻褚勇，疑从骑是褚。乃问太祖曰：'公有虎侯者安在？'太祖顾指褚，褚瞋目盼之，超不敢动，乃各罢"。原本"军中以褚力如虎而痴，故号曰虎痴；是以超问虎侯，至今天下称焉，皆谓其姓名也"。同时许褚所从侠者，来曹军后，亦"皆以为虎士"。这些许褚帐下的虎士均英勇善战，"其后以功为将军封侯者数十人，都尉、校尉百余人，皆剑客也"。追溯历史，以虎之威猛而名军中精锐，至迟在商周之际。《史记·周本纪》记武王伐纣，至于盟津，所率军队有"戎车三百乘，虎贲三千人，甲士四万五千人"。"集解"引孔安国曰:"虎贲,勇士称也。若虎贲兽,言其猛也。"对虎贲的取名,还有另一种解释,见《后汉书·百官志》注:"虎贲旧作'虎奔',言如虎之奔也,王莽以古有勇士孟贲,故名焉。"据《周礼·夏官·司马》,有虎贲氏"掌先后王而趋以卒伍。军旅会同,亦如之,舍则守王闲。王在国,则守王宫。国有大故,则守王门。大丧,亦如之。及葬,从遣车而哭"。表明虎贲当时是宿卫王左右的部队。直到汉代,军中仍有虎贲名号,设虎贲中郎将。据《后汉书·百官志》:"虎贲中郎将,比二千石。本注曰:主虎贲宿卫。"注:"《前书》武帝置期门,平帝更名虎贲。蔡质《汉仪》曰:'主虎贲千五百人,无常员,多至千人。戴鹖冠,次右将府。'"西晋时仍依汉制,光禄勋下统武贲中郎将。在中朝大驾卤簿中,虎贲中郎将(又作"武贲中郎将")在御史中丞之后,九游车之前,骑乘,行中道,见《晋书》的《职官志》和《舆服志》。

在中国古代,除以猛虎称誉军中勇猛的将士,或以虎作军旅名称外,还常将与军旅有关的事物器用以虎为名,例如将武将的营幕称为"虎帐""虎幄",发兵符节称为"虎符""虎节",遮护营垒的障碍物称"虎落"("虎路"),强弩的一种称"虎蹲弩",明朝时还将一种形体短粗的火炮称"虎蹲炮",等等。至于以猛虎的形象装饰各种兵器和装具,更是时间久远,甚至可以上溯到史前时期。在江南的良渚文化的玉钺上,有的精细地刻出

图一　浙江余杭良渚反山 12 号墓出土玉钺

造型奇特的神人骑虎纹图案。1986 年在发掘浙江余杭反山良渚文化墓地时，在第 12 号墓中出土有一柄刃宽 16.8 厘米的青玉钺（图一），装有白玉冠饰，柄末装有白玉端饰，钺体玉质优良，磨制光洁，两面刃部上角浮雕神人骑虎图像，两面刃部下角雕有大嘴神鸟。神人雕成倒梯形的人面，头戴放射状羽冠，胯下是巨睛的猛虎头的正面形象，头很大，环形重圈眼，两眼间以短脊相连，阔鼻、扁嘴，头下浅雕有折曲的前肢。环眼、阔鼻、扁嘴，明显地呈现出猛虎的特征，是别具情趣的猛虎的变形图案（图二）。有人认为表现出威力无比的神人降服了凶猛的巨虎，又有人认为本是表现巫师借助巨虎的助力沟通天地。不论作何种推测，可以

图二　浙江余杭良渚反山 12 号墓出土玉钺上的神人兽面纹

肯定这类图像应是当时人们尊敬的神圣的"徽帜"，持有镌刻这种徽帜的玉钺的人，自是具有权威的军事和宗教方面的领袖。后来中国文字中的"王"字，正是由钺的形象演化而成，钺也一直是权威的象征物。后来到商代，大钺这种具有传奇色彩的特殊兵器，虽然已改用青铜铸制，但仍常以猛虎图像作装饰图案。目前所发现的形体最为硕大的青铜钺，应属 1976 年在河南安阳殷墟发掘的妇好墓出土的一对。其中较重的那件，在钺体两面靠肩处饰有双虎扑噬人头的图案，居中是一个圆脸尖颏的人头像，左右两侧各有一只瞪目张口的猛虎，扑向中间的人头，似欲吞噬，散发着狰狞、恐怖而神秘的色彩。上面铸有"妇好"铭文，表明大钺是专为她制作的器物。此外，商周时期的别的青铜兵器，也常以虎纹装饰。例如河南洛阳庞家村的西周墓中，就曾出土过一件带有"太保"铭文的青铜戈，在戈阑前浮雕出虎头纹，瞪目张口，颇显威猛。不仅在格斗兵器上以虎纹为饰，将士装备的防护装具也常以猛虎为饰，特别是胄（头盔）和盾牌。在发掘河南安阳殷墟的殷商王陵时，曾在第 1004 号大墓内出土有大量的青铜铸造的胄，其中有的铜胄正面额部的图案，就是猛虎的头像，大耳巨目，形貌威猛（图三）。与安阳出土商代虎纹铜胄图案近似的，还

图三　河南安阳殷墟 M1004
　　　出土虎纹铜胄

有在江西新干县大洋洲商墓出土的铜胄，正面额部也饰猛虎头像，大耳巨目，鼻的下缘就是胄的前沿（参见本书《中国青铜兵器装饰艺术》图一）。当战士戴上这类铜胄以后，在相当于虎嘴的地方，正露出他们那英武的面庞，显得分外雄劲威严。此外，有时还用剥下的虎皮装饰兵器，特别是用虎皮来制作弓袋，又称"虎韔（chàng）"。见于《诗经·秦风·小戎》："虎韔镂膺，交韔二弓。"注："虎，虎皮也；韔，弓室也。"用以形容秦军威之盛。此外，当时生活在中国边疆地区的古代民族，更是常常以虎纹来装饰兵器，带有草原文化气息的青铜短剑，有的柄端以虎纹装饰；云南的滇文化兵器中，也常见虎纹图案用于装饰，特别是一件出土于云南江川李家山的刻纹铜臂甲（图四），以兽纹为装饰图纹，其中刻出一只扭体舞爪的猛虎体态生动，是滇族猛虎刻纹中最精致的作品之一。蜀地的巴蜀文化青铜兵器，不论是戈还是剑，虎纹都是其主要装饰图像，这可能与古代巴人"白虎夷王"的古老传说有关。

军中以虎的形貌作为器物外形的青铜制品，还有虎符。《史记·魏公子列传》曾生动地记述了如姬为信陵君盗晋鄙兵符，从而夺晋鄙十万大军救赵的故事。信陵君得符后"至邺，矫魏王令代晋鄙。晋鄙合符……"表明这种兵符分为两半，发兵时持留于王处的半符为信，与主将所持半符合符，方可发兵。当时这类兵符都制成伏虎形貌，故又称"虎符"。目前保存的先秦时的虎符

图四　云南江川李家
山出土铜臂护

文物中，最精致的是 1973 年在陕西西安郊区发现的秦国杜虎符
（图五），虎作走动姿态，伸颈昂首，长尾卷曲，体长 9.5 厘米，
背面有用于合符的槽。虎体有错金铭文 9 行共 40 字："兵甲之符，
右才（在）君，左才杜。凡兴士披甲，用兵五十人以上，必会君符，
乃敢行之。燔燧之事，虽毋（毋）会符，行殴（也）。"据考证，
秦代称"君"者，只惠文君一人，他即位 14 年后更元为王，因
此该符之铸造当在惠文君元年至十三年间（前 337 ~ 前 325 年）。

图五 陕西西安出土秦国杜虎符

铭文字体绝大部分是小篆，错金技艺精湛，至今金光闪熠，尚如新制。此后，各代沿用虎符为兵符，1955 年曾在内蒙古呼和浩特美岱北魏墓出土有北魏时虎符，为完整的两半合成整符，形作伏虎状，前胸左右各刻"河内太守"铭文，腹下分刻"铜虎符左"和"铜虎符右"铭文，背铭"皇帝与河内太守铜虎符第三"一行文字中剖为二，只有合符才能通读。北魏铜符不仅四肢伏卧，而且头部过大，造型远不如先秦虎符英俊生动，刻文亦拙稚，远不如秦杜虎符错金铭文精美。

图六　广东广州西汉南越王墓出土错金铜虎节

　　至于虎形铜节，以 20 世纪 80 年代初在广东广州象岗山西汉南越王墓出土的虎节最为精美（图六），它被包裹于丝绢内，放置在墓内西耳室中部南墙根下。外貌铸成蹲踞的猛虎，张口露齿，弓腰卷尾，虎体主斑系在铸出的弯叶形浅凹槽内贴以金箔片，呈现出斑斓的虎皮形貌，华美生动，器长 19 厘米。虎节正面有错金铭文，为"王命＝车（徒）"五字。从纹饰、文字等方面看，与楚文化似有渊源，值得深入探研。

（原载《文物天地》1998 年第 1 期）

铜博山香炉

"洛阳名工铸为金博山，千斫复万镂，上刻秦女携手仙。承君清夜之欢娱，列置帷里明烛前。外发龙鳞之丹彩，内含麝芬之紫烟。如今君心一朝异，对此长叹终百年"。这首《拟行路难》，是以气骨劲健、词采华美见称的刘宋诗人鲍照的作品。诗中借博山香鑪（"鑪"今通作"炉"）引出闺中哀怨，负心人已去，空余香烟缥缈的博山香炉，说明人心易改，令人长叹。六朝时人常借博山香炉的香与炉来隐喻男女之间的爱情，也见之于民谣，如谣歌《杨叛儿》："暂出白门前，杨柳可藏乌。欢作沈水香，侬作博山炉。"亦可见博山香炉是当时日常的用品。除鲍照诗外，六朝时咏博山香炉的诗赋还有很多，今存有齐刘绘、梁沈约和昭明太子、陈傅等人的作品，但多是描绘香炉的华美，因而不如鲍诗借物隐喻，既富有情趣且寓意深刻。

其实，咏香炉而含隐喻，并不始于鲍诗，早在汉代已有这样的作品，如古诗中的"四坐且莫喧"一首，以"香风难久居，空令蕙草残"作为结尾，比喻世俗的人竭力追求浮名，结果好似蕙草被烧，香气很快散掉，到头是一场虚空，意似宣扬道家的思想。

以鲍诗与之相比，似更具生活情趣。

　　"四坐且莫喧"古诗对香炉本身是这样描述的："请说铜炉器，崔嵬象南山。上枝似松柏，下根据铜盘。雕文各异类，离娄自相联。"确实很简练地刻画了汉代铜香炉的特征：在一个圆形铜盘的中央，竖立着上承炉身的直柄，炉身是上仰的半球形，以盛香料，上盖作尖锥状的山形，并开有许多出烟的小孔。盖上多雕饰精美，重峰叠嶂，鸟兽人物出没于林莽之中。使用的情景在此诗中也有描述："朱火燃其中，青烟扬其间。从风入君怀，四坐莫不欢。"由于这种香炉工艺精湛，难于制作，不是一般工匠所能胜任，故古诗中用古代的巧匠来喻当代的工师，说："谁能为此器，公输与鲁班。"其实汉代的制炉名匠，有一位的姓名还是流传下来了，那就是长安巧工丁缓。据《西京杂记》，他除能制作名贵的"常满灯"和"卧褥香炉"外，"又作九层博山香炉，镂为奇禽怪兽，穷诸灵异，皆自然运动"。丁缓制作的博山香炉，今天虽已不存，但是近年来考古发掘出土的汉代青铜博山香炉，也颇多精品，它们应可与丁缓的作品相媲美。

　　西汉时期，雕镂精美的铜博山香炉，开始出现在已被发掘的王公勋贵的坟墓之中。通常使用的类型，可举在河北满城中山靖王刘胜和他妻子窦绾二墓中的出土品为例。刘胜墓中放置的铜香炉，没有承托的圆盘，柄下有圈足，柄部镂雕成三条腾出波涛的龙，以头顶托炉身。炉身上部和炉盖合成层层上叠的山峰，虽无九层，至少也有六七层，峰峦间点缀有树木，神兽、虎豹出没其间，还有肩负弓弩、追逐野猪的猎手，特别是雕出一些体态灵活的猴子，或高踞在峰顶，或骑在兽背，更使作品增加了生趣。全炉纹饰均错金，线条劲健流畅，有粗有细，细的近于发丝，工艺极为精湛。若于炉内焚香，轻烟飘出，缭绕炉体，自然造成山景朦胧、群兽灵动的效果（图一）。窦绾墓中放置的一件，是下面带有承盘的，炉盖也作人兽出没其间的重重山峦，但似不如刘胜墓的那件精巧。山峦下有一周由龙、虎、朱雀、骆驼及草木、云气等组成的花纹带。炉柄的造型最具匠心，雕出一个裸身力士，仅腰束短裤，肌肉凸张，孔武有力，他屈膝骑在仰首伏地的神兽背上，左手按兽颈，右手上托奇峰耸立的炉体，造型稳重而不呆滞，确有力举万钧的气势。这两件铜博山香炉的体高分别是 26 厘米和 32.3 厘米，它不但适于在当时席地起居时置于席边床前，也适于列置帷帐之中。

另一种类型的铜博山香炉，具有较长的炉柄，体高为一般香炉的两倍以上，看来在宴会等场面中使用较为合适。这类香炉，可举从茂陵附近一号无名冢的一号从葬坑中获得的一件为例（图二）。该炉的炉身也是上仰的半球形，上盖作重峰叠嶂的山形。但炉柄极长，柄下底座镂雕二龙，蟠体仰头张口，炉柄即自龙口中上伸，作五节的竹节状，柄上端承炉身。并在柄上铸出三条曲体昂首的长龙，龙头托顶在炉身底侧。龙体鎏金，爪银色，鳞甲灵动，体态矫健。全器纹饰多鎏金银，华美异常。炉体通高达 58 厘米，是出土同类器

图一　满城西汉刘胜墓错金银铜博山炉

物中最高的实例。炉上有铭刻，知系宫内所造，原为未央宫物，后归阳信家，当时称作"金黄涂竹节熏卢"，说明当时香炉和熏炉的名称是通用的。上面所举的实例，都是工艺精湛、只有皇室贵胄才能享用的奢侈品。至于一般官僚地主的用器，则形体较小，装饰也较简单，除了青铜铸造的以外，也有陶制品，一般也是由承盘、炉柄、炉身和山形有孔的尖锥状炉盖所组成，也有的在山形盖的顶峰饰一振羽翘尾的朱雀。但墓中随葬的陶质博山香炉，有些属于制工粗劣的"明器"。

魏晋时期，皇室贵胄中铜博山香炉沿用不衰。据晋《东宫旧事》，太子初拜，"有铜博山香炉一枚"；太子纳妃，"有银涂博山连盘三斗香炉一"（《太平御览》卷七〇三）。但至今我们还没有在晋墓的发掘中，获得过精美的铜博山香炉，因此还难以说明是否与汉代博山香炉的形制有区别。南朝依西晋遗风，博山香炉仍然流行，因此才产生前述的那些咏博山香炉的诗赋和谣歌。这些诗赋中用华丽词藻渲染描绘出的博山香炉，似乎镂雕有不少颇具故事情节的人物形象。例如南齐刘绘诗中说博山香炉"上镂秦王子，驾鹤乘紫烟""复有汉游女，拾羽弄余妍"。前引鲍照诗中也有"上刻秦女携手仙"之句，大约指传春秋时秦穆公小女弄玉与萧史的爱情故事，最后夫妻乘凤仙去。因为我们还没有获得

图二　陕西茂陵无名冢出土西汉鎏金竹节柄铜熏炉

六朝时铜博山香炉的实物，难于证实。但有些也可能是诗人的想象而非出于写实，如鲍诗首句云炉为"洛阳名工"所铸，即非写实，因刘宋时洛阳为北朝地域，而且当时已不再生产博山香炉了。因此诗中引弄玉萧史之典，只不过是为了以仙侣携手与情人变心相比照，而取得更好的艺术效果而已。

南朝时一般使用的博山香炉的真貌，也可以从有关文物资料中找到它的形象。常州南郊戚家山发现的南朝晚期画像砖墓中，有一块侍女画像砖。画面是一位双髻少女，长裙大履，

图三　江苏常州南朝画像砖上的仕女执博山炉图像

衣带飘飞，转体举手，姿态生动，在她的左手上托有一件博山香炉，下有承盘，炉柄上托半球状炉身，上有重山形盖，山颠立一振羽翘尾的朱雀（图三）。从这一图像看，似乎南朝的博山香炉仍然沿袭着汉代的旧制。

（原载《文物天地》1986 年第 1 期）

中国的扇子

"来风堪避暑，静夜致清凉。"汉代班固这两句咏竹扇的诗，道出了扇子驱暑的功能。汉代的竹扇，在长沙马王堆西汉軑侯家族墓中出土过两把，扇柄一长一短。长柄的一把保存完好无缺，扇面是用仅宽2毫米的细竹篾编成的，编法是两经一纬，整个扇面近似梯形，扇面居中处，用更纤细的竹篾丝编出卷曲花饰。长约90厘米的竹扇柄，外面都包裹着漂亮的黄绢。这把竹扇的工艺已达到了相当高的水平（图一）。

据《说文解字》，"扇"字本义是门扉，并不是扇风取凉的用具。很可能因早期的扇子形状近似长方形的门扉，且在一侧安柄，故才借用"扇"字来做它的名字。在《说文解字》中，作扇子解的字还有"箑"（shà）字，此字从"竹"，表明早期形态的扇子是用竹子制成的。目前所知，在考古发掘中获得的年代最早的扇子，是战国晚期的遗物，出土于湖北江陵的马山一号楚墓，距今已有2300年左右，它的形态和马王堆汉墓出土的相同，扇面用染成红色和黑色的竹篾编成精细的几何图案，色泽如新（图二）。从战国到汉代，这种编在扇柄一侧的梯形竹扇一直很流行。东汉时期的许多画像石上都可以看到人们端坐床上，手执这样的扇子，

也有的扇面做成半圆形状。

在汉代流行的另一种扇子，是形体圆圆的"纨扇"，扇面多用丝织品制成，正如汉成帝时班婕妤的《怨歌行》中所描绘的："新裂齐纨素，皎洁如霜雪，裁为合欢扇，团团似明月。"在汉唐的诗赋中，也常见吟咏纨扇的句子，如"团纱映似月，蝉翼望如空"。说明纱制的扇面是多么轻薄精美。除纨扇以外，当时常用的还有用鸟羽制成的羽扇，魏晋六朝名士常以手持羽扇为高雅的象征。至于现在极为流行的折扇，据说是宋代由临邦朝鲜传入的。直到明初永乐年间，由于明成祖喜折扇卷舒之便，加以提倡，纸制折扇才广为流行，同时折扇制造业也兴旺起来。明代制扇业遍及各地，其中又以"川扇"和"吴扇"最享盛名，而著名的"乌骨泥金扇"则以苏州所制为最佳。

为了增加扇子的华美，人们

图二 湖北江陵马山一
号楚墓出土竹扇

常在扇柄和扇骨上下功夫，选用名贵的材料，施加精致的雕饰（图
三），甚至镶嵌珍宝珠玉，但是更为名贵的则是在扇面上延请名
家书写绘画。据《晋书·王羲之传》，有一次王羲之在蕺山"见
一老姥，持六角竹扇卖之。羲之书其扇，各为五字。姥初有愠色。
因谓姥曰：'但言是王右军书，以求百钱邪。'姥如其言，人竞
买之。"可见晋时已有争得名人画扇之雅事。宋代传世的书画作
品中，不少是纨扇扇面画，山水、花鸟、楼阁、人物均有（图四）。
连皇帝也在扇上书画，如宋徽宗赵佶的草书纨扇，上书"掠水燕
翎寒自转，堕泥花片湿相重"诗句，运笔流畅，颇为精妙。故宫
博物馆收藏一把相传为明宣德皇帝所绘的大折扇，扇面宽达 152

图三　江苏金坛南宋周
　　　瑀墓出土团扇
图四　宋代《松下赏月
　　　图》纨扇扇面

厘米，上面画着柳荫赏花和松下读书，是现明代扇中最大的一把。
明代以后，纸面折扇流行，使书画扇面有了进一步的发展(图五、六)。
1973 年于江苏吴县明代许裕甫墓出土的文徵明书画的泥金折扇，
是了解明代折扇工艺全貌的珍贵文物。清代乃至辛亥革命以后，
我国不少画家如郑板桥、渐江、任伯年、吴昌硕、齐白石等，都
在扇面上表现了自己的艺术特色，留下了许多艺术珍品。如白石
老人所绘青蛙团扇面，仅有两只青蛙注视着上方浮游水中的四只

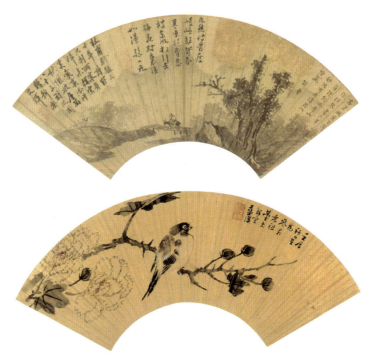

图五　明代沈周《杜甫骑驴图》扇面

图六　明代蓝瑛《花鸟图》扇面

小蝌蚪，造型简练，情趣盎然。

　　在科学技术有了巨大发展的今天，扇子作为我国传统的消暑用品和工艺美术品，仍然有着它很强的生命力。我国生产的扇子，品种繁多，诸如檀香木扇、象牙骨扇、绢扇、纸扇、羽毛扇、竹编和草编扇等等。苏州、杭州生产的檀香扇和折扇，工艺精美，式样典雅，在国内和海外有很高的声誉。

（原载《人民日报》海外版 1986 年 8 月 10 日）

漫话屏风

　　西汉时期，善于谄媚的御史大夫陈万年病卧在床上，喋喋不休地教训他的儿子陈咸，一直唠叨到半夜。"咸睡，头触屏风。万年大怒，欲杖之……咸叩头谢曰：'具晓所言，大要教咸谄也。'"一句话说得他父亲再也不得做声（《汉书·陈万年传》）。关于这段记载，历史学家注意的是当时上层官僚中谄媚风行，文物工作者却看到了当时床旁安置的屏风。屏风和床、案一样，几乎是当时室内不可缺少的家具。

　　屏风，顾名思义，即是"可以屏障风也"。可能因古代建筑物结构不如后世严紧，为了挡风，就制造了这种家具。在床后安置的屏风，除了挡风的功能而外，还可供人依靠，又叫做"扆（yǐ）"。《释名》："扆，依也，在后所依倚也。"既然可以依倚，就要求所用的原材料较为坚实，所以常常是用木板制成的。但是一般用来挡风的屏风，多以木为骨，蒙上绢帛等丝织品作屏面。虽然在我国古代很早就使用了屏风这种家具，现在见到的有关实物，较早的例子还是西汉的木屏风，是在长沙马王堆一号墓北边箱内出土的。这架屏风屏板方整，横长于高，面阔与高之比约为 4 ：5。

屏板下安有两个承托的足座，屏面髹漆，黑面朱背，周围绕饰宽宽的菱形彩边。黑色的屏面上，彩画一条盘舞于云气中的神龙，绿身朱鳞，体态矫健（图一）。屏背朱地上满绘浅绿色几何形方连纹，中心穿系一谷纹圆璧。这架屏风尺寸较小，也可能是一件模拟实物的明器。同墓出土的遣册竹简中，有一枚记有"木五菜（彩）画并（屏）风一，长五尺，高三尺"。简文所记的尺寸，有可能是当时一般实用屏风的尺寸，汉尺五尺约合公尺 1.2 米左右。据文献记载，汉代屏风有高到七尺左右的。比马王堆出土木屏风时代迟得多的模拟品，还有在武威旱滩坡东汉墓出土的一件彩绘木屏风架和洛阳涧西七里河东汉墓出土的一件小型陶质屏风（图二）。前者是横长方形，仅存边框和足座；后者也是在屏板下面安有两个承托的足座，仅是屏板面狭体高，面阔与高之比约为 2：3。看来这种下设足座的直立板屏，也就是后来俗称的"插屏"，是汉代屏风的主要类型。内蒙古和林格尔东汉壁画墓的前室北壁甬道门西侧壁画，绘的是拜谒图，墓主人朱衣端坐床上，背后也是安置着一架黑面朱缘的大立屏，屏板下隐约可见承托的朱红足座（图三）。不过一般人们坐卧的床榻旁边的屏扆，从有关汉代壁画和画像石上的图像来看，都比较矮，平面作曲尺状，用长的一边屏障在床背后，折过来的短的一边障在床的左侧或右侧，其屏板依旧是挺直壁立的。也有些因为床很大，屏风也会增高（图四）。东汉李尤的《屏风铭》，扼要地道出了当时屏风的特点："舍则

图一 湖南长沙马王堆一号墓
　　 出土漆屏风

图二 河南洛阳涧西七里河东
　　 汉墓出土陶屏风

图三 内蒙古和林格尔东汉墓
　　 前室北壁所绘屏风图像

潜避，用则设张。立必端直，处必廉方。雍阏风邪，雾露是抗。奉上蔽下，不失其常。"

　　挡风和屏蔽是屏风的主要功能。古代建筑由于用材、技术以及生产水平等方面的限制，常常是一座建筑具有多种功能，为了适应起居、会客、宴饮等不同要求，需要随时将室内的空间按需要重新分割，这种分割主要是用可以及时设张或撤除的屏风，配合悬于梁枋的帐幔来完成的。因此，屏风在当时不但是家具，同时也是建筑物的一种轻质的活动隔断。此外，坚实端直的木屏风上还可以安装架子和挂置器物，以供坐卧在床榻上的人随时取用。山东安丘的画像石上，刻有一人凭几坐在床上，一手持扇，身后屏风的右侧，安装着一个兵器架子，架上放着四把刀剑（**图五**）。类似的情况，文献中还记录有一个屏风挂物的突出例证：六朝时人王琨为人鄙吝，在他家里"盐豉姜菜之属并挂屏风，酒浆悉置床下，内外有求，琨手自付之"（《太平御览》卷七〇一引《宋书》）。

　　屏风既然是主要的家具，常放在室内明显的位置上，为了增

图四　陕西西安理工大学西
汉墓西壁屏风图像

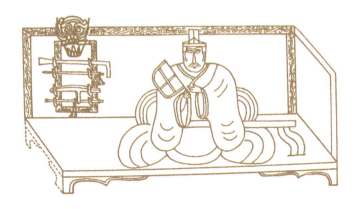

图五 山东安丘汉画像石上
的坐床和屏风（摹本）

加室内美观，屏板一定要加上必要的装饰。在西汉的宫廷里，曾
使用过精美华丽的云母屏风、琉璃屏风、杂玉龟甲屏风，但是当
时一般的做法，是在漆木或绢帛的屏面上彩绘各种图画。传说三
国时吴兴人曹不兴为孙权画屏风时，"误落笔点素，因就成蝇状。
权疑其真，以手弹之"（张彦远《历代名画记》卷四）。至于屏
风画的题材，汉魏时多画历史故事以及贤臣、列女、瑞应之类。
据文献记载，西汉宫廷中御座所施屏风，有"画纣踞妲己作长夜
之乐"的，也有"图画列女"的（《汉书·叙传》）。东吴孙亮曾
作琉璃屏风，镂作瑞应图 120 种（崔豹《古今注》卷下）。这种
题材的屏风画，两晋南北朝时依然沿袭着。《邺中记》说石虎做"金
银钮屈膝屏风"，高矮可以随意伸缩，最高可达八尺，次则六尺，
也可屈缩到四尺，"衣以白缣，画义士、仙人、禽兽之像，赞者

皆三十二言"。有关记载虽多，但现在我们能看到的漆画屏风实物，则是迟至北魏时期的作品，那是 1965 年冬至 1966 年初春在发掘大同石家寨司马金龙墓时获得的一架漆屏。这件工艺品的制成年代在北魏太和八年 (484 年) 以前。司马金龙生前曾封琅琊琊王，官至"使持节侍中镇西大将军吏部尚书羽真司空冀州刺史"，可见这种华美的漆屏风是当时最高统治集团享用的奢侈品。可惜的是这架漆屏风已经朽毁了，只有 5 块屏板还比较完整，板高约 80 厘米。与屏板一起还出土有 4 件浅灰色细砂石精雕的小柱础，看来是屏风的础座，高约 16.5 厘米。如把屏板和石础插合成器，看来是一件四尺屏风。整架屏风的形制，可以从它自身的画面中看出来。在屏板的正、背两面都有彩画，朱地上分上下四层，各画一组人物画，并加榜题，人物形象生动，用笔朴素劲健，所画内容是列女图 (图六)。其中"和帝□后""卫灵公"与"灵公夫人"等画面中，都有在一人独坐的床榻后部和左右两侧屏障用的屏风 (图七)，这些屏上之屏正是这架漆屏风自身的写照。当时可供一人使用的床榻，一般长约 1.2 米，宽约 0.5 ~ 0.6 米，出土漆屏木板每块宽约 0.2 米左右，障住床后约需用 6 块板拼联，两侧各需 3 块，合计约为 12 块，这又和文献中常讲的"十二牒"相近了。至于屏板与石础安装的方法，没有实物可供参考，但是这种做法的屏风一直沿用到唐宋时期。故宫博物院藏宋画《十八学士图》中恰好画有一架这样的屏风，可供参考 (图九)。根据以上分析，也就可以画出司马金龙墓出土漆屏风的复原图来 (图八)。为了更

图六　山西大同北魏司
　　　马金龙墓出土木
　　　板漆屏风画

图七　北魏司马金龙墓"和帝□后"图中屏风

图八　司马金龙墓漆屏风想象复原图

图九　故宫藏宋人绢本《十八学士图》中
　　　的围屏和插屏

好地接插屏板，当时有把石础杀掉约 1／4 角的做法，例如山东济南东魏天平五年 (538 年) 崔令姿墓所获得的 4 件覆钵式滑石屏风柱础中，有两件就是这样的形制，可能是用于屏风的后侧两角处的（图一〇）。

　　从司马金龙墓这架制作精美的漆屏风，可以想见汉魏南北朝时那些贵戚之家使用的精美的屏风的形象。制作这种奢侈的家具，需要花费极多的钱财，所以《盐铁论》里才说"故一杯棬用百人之力，一屏风就万人之功，其为害亦多矣"。正因为如此，据说雄才大略的魏武帝曹操，即"雅性节俭，不好华丽"，他所使用的"帷帐屏风，坏则补纳"（《三国志·魏书·武帝纪》注引《魏书》）。而当时标榜高雅之士，也大多喜欢简朴的素屏风。曹操曾以素屏风、素凭几赐给毛玠，说"君有古人之风，故赐君古人之服"（《三国志·魏书·毛玠传》）。

　　谈到素屏风，不禁令人想起唐代诗人白居易的《素屏谣》"木为骨兮纸为面"，说明到了唐代，在造纸技术提高的基础上，屏风采用木骨，纸糊屏面，价格低廉，又轻便实用，是一般人欢迎的普通家具。但是，愿意保持纸屏面素白无饰的人是不多的，一般在纸屏面上也和绢帛屏面一样，施加绘画或题字，以增加室内美观。有关的画史资料

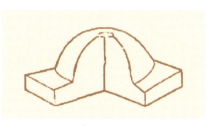

图一〇　山东济南东魏崔令姿墓出土滑石屏础

里记有不少名家画的屏风，看来屏风画的主要题材，已经从汉魏时占统治地位的历史故事、贤臣、列女等转为世俗欢迎的山水花鸟，装饰色彩更强了。唐代诗词中常有吟咏这样画屏的句子，诸如"金鹅屏风蜀山梦""故山多在画屏中""画屏金鹧鸪"等。那种为了说教而设计的"前代君臣事迹"等题材的画面，仅保留在宫廷的屏风上，供皇帝和大臣们引作行为的楷模。除了这种道貌岸然的装门面的货色以外，宫廷勋贵起居宴乐用的屏风，无不力求奢华，正如白居易《素屏谣》所说："尔不见当今甲第与王宫，织成步障银屏风。缀珠陷钿贴云母，五金七宝相玲珑。"随着建筑物内部空间的加大，各种日用家具相应增高，屏风的高度也有增加，每扇屏扇的宽度也相应加宽。于是，在拼合的方法上，像司马金龙墓漆屏风那样的榫卯已经落伍，大量出现的是用金属的"交关"相连属，便于折合，如李贺《屏风曲》所咏施加"银交关"的六曲屏风。至于唐代屏风的实物，在日本的正仓院里，还保留有可供参考的珍贵标本，如"鸟毛立女屏风""鹿草木夹缬屏风""鸟木石夹缬屏风""橡地象羊木缬屏风"等等，色彩鲜明，别具情趣。

五代顾闳中《韩熙载夜宴图》，画出了当时官僚家庭中使用的各种家具，这些桌椅床屏形制和陈设，告诉我们自唐末经五代到北宋这一时期，随着社会的发展、建筑的进步，以及社会习俗的改变，日用家具及室内陈设有了新的变革。配合桌椅和大床，屏风的使用也更加普遍。画中有三架大插屏，画家巧妙地利用它们作为分隔画面的屏障，同时也反映着现实生活中屏风的用法。三架屏风形制相同，屏体高大，屏心画有松石花树或山水（图一一）。屏面插立在带有抱鼓状的屏座上，这和前述汉代插屏的形制已经有了很大不同，而是开了以后宋元流行的屏风式样的先河。除了大型插屏外，夜宴图中大床的周侧仍附有围屏（图一二）。

图一一　传五代顾闳中《韩熙载夜宴图》中的屏风图像

　　南唐时还有一个关于屏风的故事，一次南唐后主李煜"坐碧落宫，召冯延巳论事，至宫门逡巡不进。后主使使促之，延巳云：有宫娥着青红锦袍当门而立，故不敢径进。使随共行谛视，乃八尺琉璃屏画夷光独立图也，问之董源笔也"（伊世珍辑《琅嬛记》卷中引《丹青记》，《津逮秘书》第一二〇册）。这种在迎门安设屏风的做法，后来一直沿用下来。原来在我国的传统审美观念中，很注重含蓄，对建筑物内部尤其是游玩和宴会的场所，最忌一进门就把里面的事物一览无遗。随着斗栱的进一步发展，建筑物内部空间越来越高大，这一问题更显得突出。因此，就采取了在迎门设置屏风的办法。人们进门后先看到屏风，待到绕过它去

图一二　传五代顾闳中《韩熙载夜宴图》(局部)

　　才能进一步看清室内陈设情景，这样一掩一扩，更会使来客产生
别有洞天之感。同时，把制作精美的屏风迎门陈放，本身也起着
装饰作用。

　　近些年来，曾经发掘了不少宋、金时期一般地主阶级的墓葬，
墓中常有以墓主人生前生活为题材的精美壁画或雕砖，里面常常
可以看到各种家具，其中也不乏屏风的形象。河南禹县白沙发现
的北宋元符二年(1099年)赵大翁墓里的壁画，是很典型的例子。
在前室的西壁画着墓主人夫妇开芳宴的场面，在隔桌对坐的夫妇
二人身后，都安放有一架插屏，屏额和槫柱是蓝色的，拐角处画
着黄色的拐角叶，看来是模拟着实物上的铜饰件。屏心淡蓝色，
满绘流动的水波纹(图一三)。看来这种一桌二椅对坐，身后安放
屏风的室内陈设，可能在当时中小地主家庭中甚为流行。

　　屏风上画水，也是当时流行的做法。一般人家屏上画水波纹，但俗传水从龙，所以寺观和宫廷的壁画就常用龙水的题材，于是皇帝御座屏扆也采用水龙装饰。据《图画见闻志》，宋仁宗时，任从一于"金明池水心殿御座屏扆，画出水金龙，势力遒怪"。又说宋真宗时的荀信，"天禧中尝被旨画会灵观御座扆屏看水龙，妙绝一时，后移入禁中"。金代皇帝仍然沿袭宋习，在御榻后安放龙水大屏风。后来，龙成为封建帝王的象征，所以用龙为主要装饰图案的屏风，一直沿用到清代，直到封建王朝从中国历史上

图一三　河南禹州白沙宋墓壁画夫妻对坐

消失为止。在故宫博物院里，可以看到皇帝御座后面一般陈设着龙纹屏风。《故宫博物院藏工艺品选》中著录一件"紫檀嵌黄杨木雕云龙屏风"，高达 3.06 米，全宽 3.56 米，由三扇屏板接成，在紫檀木的屏心上，嵌镶黄杨木雕成的游龙，看去恰似条条金龙在乌云中盘旋飞舞，显得雄伟壮观，代表着封建皇帝的威仪，这也是一件有代表性的清代工艺品。

除了屏风以外，在我国古代还有一种围障的用具，就是"步障"，这是专用布帛张围起来的，在庭院、街道甚至郊野，都可以张用。步障在两晋南北朝时极为流行，据《世说新语》，王恺（君夫）与石崇斗富，"君夫作紫丝布步障、碧绫里四十里，石崇作锦步障五十里以敌之"（或谓"里"系"重"之误）。这个例子一方面说明当时统治阶级奢华荒淫，另一方面也说明步障安放在室外，使用起来比屏风更灵便。六朝墓里经常出土有石质或陶质、中间有孔的小础座，其中有些是插屏风用的，另一些就可能是步障座。至于步障的样子，我们还可以从敦煌莫高窟第 445 窟盛唐时期的公主剃度图中，看到唐代步障的形象和使用方法。

（原载《文物》1979 年第 11 期，原题目为《漫话屏风——家具谈往之一》）

马舞与舞马

"万玉朝宗凤扆，千金率领龙媒。昈鼓凝骄躞蹀，听歌弄影徘徊。""天鹿遥征卫叔，日龙上借羲和。将共两骖争舞，来随八骏齐歌。"这是唐代诗人张说所咏《舞马词》中的两首，描述了舞马的舞姿，同时这几首词又可以歌唱，也许正是为舞马表演时伴唱而创作的歌词。《舞马词》共有六首，其中一首还有如下诗句："屈膝衔杯赴节，倾心献寿无疆。"表明当时舞马演出的目的，正是为皇帝祝寿。

唐玄宗以他的生日八月五日为"千秋节"，届时还在兴庆宫西南角勤政、花萼两楼前的广场上举行盛大的文艺演出，场面宏伟。"其日未明，金吾引驾骑，北衙四军陈仗，列旗帜，被金甲、短后绣袍。太常卿引雅乐，每部数十人，间以胡夷之技。内闲厩使引戏马，五坊使引象、犀，入场拜舞。宫人数百衣锦绣衣，出帷中，击雷鼓，奏《小破阵乐》，岁以为常。"（《新唐书·礼乐志》）关于舞马，《新唐书·礼乐志》有更详细的记载："玄宗又尝以马百匹，盛饰分左右，施三重榻，舞倾杯数十曲，壮士举榻，马不动。乐工少年姿秀者十数人，衣黄衫、文玉带，立左右。每千秋节，舞于勤政楼下。"《旧唐书·音乐志》有类似的记载，但舞马的数量不是"百匹"，而是"三十匹"，并知舞马又称为"蹀（dié）马"。在《明皇杂录》中，有较两《唐书》更为详尽的记述，说玄宗时曾教舞马四百蹄（亦即百匹）之多，"分为左右部，目为'某家宠''某家娇'。时塞外亦以善马来贡者，上俾之教习，无不曲尽其妙"。舞马表演时装饰华美，"衣以文绣，络以金银。饰其鬃鬣，间杂珠玉"。正如薛曜《舞马篇》所咏："咀衔拉铁并权奇，被服雕章何陆离。紫玉鸣珂临宝镫，青丝彩络带金羁。"这些马除上引两《唐书》所叙，有时安设三层板床，乘马登床后可在上面旋转如飞。有时又由一个大力士举一榻，让马舞于榻上。更主要的是会按"倾杯乐"的乐曲应节起舞，奋首鼓尾，纵横应节，作各种舞姿，正如薛诗所咏："随歌鼓而电惊，逐丸剑而飙驰。态聚蹲还急，骄凝骤不移。光敌白日下，气拥绿烟垂。婉转盘跚殊未已，悬空步骤红尘起。"张说的《舞马千秋万岁乐府词》中描述得更为具体："腕足徐行拜两膝，繁骄不进踏千蹄。髬髵（xiū ér）奋鬣时蹲踏，鼓怒骧身忽上跻。更有衔杯终宴曲，垂头掉尾醉如泥。"可惜唐代马舞久已失传，光读诗文难于想象当年舞马衔杯的真实情景。直到1970年10月，西安何家村金银器出土，才为人们提供了唐代舞马的生动的形象。

何家村窖藏出土的物品都装在两件大瓮之中，共达千余件，其中金银器皿等就多达270件之多，里面的一件鎏金的银质仿皮囊壶，是过去没有发现过的珍贵唐代文物。这件银壶的壶体仿效皮囊的形态，上面有鎏金的提梁。提梁前面是直的小壶口，上面

覆盖着鎏金的覆莲纹盖，还从盖纽引着一条细银链，套连在壶提
梁后部。在壶体两侧各锤出舞马衔杯图像，那马后肢曲坐，前肢
直挺，全身呈蹲踞姿态，张口衔着一只酒杯。长鬣覆颈，长尾舞
摆，颈上悬结飘于颈后的彩带流苏。马体鎏金，由于是锤凸成像，
所以浮出于银白的壶体表面，具有一定的立体感，而且显得分外
华美（**图一**）。这马的舞姿正与前引唐诗"屈膝衔杯赴节"和"更
有衔杯终宴曲，垂头掉尾醉如泥"的诗句相印证。

何家村的金银器窖藏，出土地点正当唐长安城内兴化坊中部

图一　陕西西安何家村唐
　　　代窖藏出土舞马
　　　衔杯银壶

偏西南的部位，据考证埋藏时间约在安史之乱以后，具体地说，或在德宗时期（780～805年）。这批器皿的主人将它们埋入地下，但无从再回来重新掘出享用，致使那精美的舞马图像侥幸地完整保存至今。但玄宗时驯养的那些舞马的命运，则是颇为悲惨的。因为当那位皇帝惊闻"渔阳鼙鼓动地来"，仓促逃往蜀地，自然无人顾及内闲厩的舞马。当安禄山攻来时，由于他曾见过舞马表演而心爱之，于是将其中数十匹带回范阳。后来这批马为田承嗣所得，但他并没有见过舞马的场面，全不知这是一些经过特殊训练的马，而将它们与一般战马同养于外栈。有一天军中作乐，马闻乐就随之表演起舞蹈来，没想招致极为悲惨的结局。"乐作，马舞不能自止。厩养辈谓其为妖，拥帚以击之。马谓其舞不中节，抑扬顿挫尚存故态。厩吏以为惧，白承嗣。承嗣命箠之甚酷，马舞益整而鞭挞愈加，终毙于枥下。时人亦有知其舞马者，惧曰暴逆而终不敢言。"残暴无知的统治者就这样打杀了那忠于职守、认真献技的珍贵舞马，今人亦感痛惜和不平。

　　唐玄宗时教练舞马的数量和演技的高超可算是空前之举，但在史籍中早已有舞马的记载。例如在南北朝时，《宋书·谢庄传》曾记刘宋大明元年时"河南献舞马"，当时诏群臣为赋，谢庄即曾写有舞马赋，并且还使他"作舞马歌，令乐府歌之"。又据《艺文类聚》卷九十三引曹植《献文帝马表》，说曾得大宛紫骍马一匹，"教令习拜，今辄已能，又能行与鼓节相应"。这也许说明三国时期已有可应节的舞马了。令人感兴趣的是，唐代的舞马表演，可能已东传至古代日本，至少关于舞马的图像在日本有所流传。日本天平胜宝八年（756年）六月二十一日《东大寺献物帐》载有"舞马屏风六扇"，言其"高五尺、广一尺八寸。紫地锦缘，金铜钉，漆木帖，碧绫背，绯衣接扇，黄袋，白练裹"。只可惜在今天正仓院所藏文

图二 新疆阿斯塔那336号墓出土的白马舞泥俑

物中，这六扇屏风似乎并没有保存下来。但就《东大寺献物帐》所记，确证当时是曾在日本宫廷中使用过绘有舞马的屏风，这又为当时中日文化交流增添了资料。

提到马舞，顺便还应提到唐代在民间还流行一种以人扮装马形的舞蹈表演。新疆阿斯塔那336号墓出土泥俑中有一件白马舞泥俑（图二），通高12.8厘米，马长13.6厘米。在一匹白马上骑有一个戴黑幞头的绿衣骑者，那匹白马造型奇特，头尾俱全，但躯体下却是四只人足，表明它是由两个人所扮演的。有人推测这件俑与《乐府杂录》所举戏弄名目中的"弄白马"有关，看来是一种民间流行的化装舞蹈表演，它与前述的宫廷中场面豪华的百马齐舞形成了鲜明的对照。

（原载《文物天地》1990年第3期）

椅子的出现

桌椅虽是互相配合使用的家具，但是使用椅子的历史却比桌子还要短。桌子的前身是案，但是用案时人们是坐在铺于地上的"席"上，或是坐在低矮的床、榻上。不论是席还是床、榻，全都无法算作椅子的前身。直到东汉末年，才出现一种被称作"胡床"的新奇坐具——西域传入的折叠凳（今天北京人称为"马扎子"），但只是宫中使用的一种从遥远的域外胡人处传来的稀罕物品，并未在世间流行。据说这种胡床后来发展成交椅，它也并非是椅子的前身。

据考证，关于椅子的最早的文献记载，出现在《唐语林》一书，该书卷六说，颜真卿在 75 岁时，还能"立两藤倚子相背，以两手握其倚处，悬足点空，不至地二三寸，数千百下。"如果这条记载可信，就说明颜真卿 75 岁那年，即唐德宗建中四年（783年），已经使用藤椅了。考古发掘资料同样说明唐代已经出现了椅子的图像。最早发现的纪年准确的资料，见于陕西西安高元珪墓的墓室壁画。高元珪是唐玄宗宠臣高力士的哥哥，官至明威将军检校左威卫将军，埋葬于唐玄宗天宝十五年（756 年）。在墓室内北壁绘墓主图像，垂足端坐于大椅子上，惜画面残损过甚，可喜的是椅子的形貌还能大致看清。椅子的形象颇显拙朴，椅脚很粗大，像是立柱，在靠背的立柱与横梁之间，用一个大栌斗承托，很像是建筑物的柱头斗栱托梁一样，说明当时制造椅子还属启蒙时期，汲取了中国传统木构建筑的大木构架的式样，结构还较笨重，但造型却很稳定。在北京陶然亭发掘的唐墓壁画中，也发现了椅子的图像。是葬于安史之乱时史思明天顺元年（759 年）的何府君墓，在墓室西壁北侧绘有墓主人端坐于大椅子上的画像（图一），椅脚部位画面已残毁，椅靠背部位保存清晰，靠背甚高，高于坐着的人体头部，横梁拱形。这座墓的葬入时间比高元珪墓

图一　北京陶然亭唐何府君墓壁画墓主人坐椅图像

略迟，但也比《唐语林》关于藤椅子的记述早二十余年。更多的唐代椅子图像，发现于敦煌莫高窟，多绘的是高僧坐在椅子上的图像。常出现在两类壁画中，一类是在大幅的经变画中，特别是劳度叉斗圣变，与劳度叉对斗的菩萨座前，都绘有一组高僧，传统的画法是高僧们坐于铺在地上的坐席上，到了唐代晚期，则有的改为坐在大椅子上（图二）。第61窟东壁五代时维摩诘经变方便品图像中，也有高僧坐在椅子上的图像（图三）。另一类画的是寺院内坐在椅子上的高僧，特别是迟至五代时的第61窟所绘五台山图中，大佛光之寺、大清凉之寺等寺中都绘出在院内有高僧

图二　敦煌莫高窟壁画劳度叉斗圣变中高僧坐椅图像

图三　莫高窟第61窟壁画维摩诘经变方便品中高僧坐椅图像

图四 传世佚名《唐宫乐图》

坐在椅子上的图像。莫高窟壁画中的图像，反映出椅子在唐代佛教寺院中流行的景况。这些高僧的坐椅，形貌大致与高元珪墓壁画所绘椅子近同。此外，在唐人的绘画和雕塑里，还可以看到一些较矮的圈背椅和各式坐凳的画像，其中显示宫廷生活的传周昉绘《纨扇仕女图》及作者佚名的《宫乐图》中绘出的矮圈背椅和坐凳，椅脚装饰华美，还系有漂亮的绦带（图四）。

但是椅子并不是源于唐代，它出现在中国古代社会生活的时间，至少可以追溯到南北朝时期。目前所知纪年明确的最早的椅子图像，出现于敦煌莫高窟第285窟壁画中，该窟保存有西魏大

统四年（538 年）和五年（539 年）的发愿文，表明壁画应是西
魏大统年间所绘制。椅子图像绘于窟顶北披禅修图中，其中一座
草庐内禅修者跃坐在大椅子上。椅子的靠背、扶手、椅脚都画得
很清楚（图五）。在北朝的造像碑上，也发现过僧人坐在椅子上的
雕像。在椅子画像出现以前，在佛教石窟寺的壁画和雕刻中，已
经出现有供垂足高坐的各种坐具的图像。最早的是新疆克孜尔石
窟的壁画，在佛本行和本生故事图中，出现有椅子、坐凳、束腰
高凳（筌蹄）等垂足跂坐的图像。束腰高凳（筌蹄）的图像在云
冈石窟（图六、七）和敦煌莫高窟中也常可看到（图八）。佛教石窟
寺中不断出现的椅子等垂足高坐的坐具，表明这类坐具传入中国
与佛教在中国的传播有关，也说明椅子等新型家具是中西文化交
流的产物，它们是经由西域东传华土的外来家具。

中国古籍中广意的"西域"一词，指西出阳关后向西直抵地
中海的广泛地域。在地中海沿岸诸古代文化，从埃及、希腊到以
后的罗马，人们在社会生活中都习惯使用垂足高坐的坐具。中东
如古波斯帝国，同样流行椅子等高足坐具。这类坐具的影响直达
今日中国新疆地区。斯坦因由新疆古遗址窃去的古代遗物中，就
包括从尼雅遗址窃去的大木椅构件，其时代相当于汉代。但是正
如"春风不度玉门关"一样，这种影响无法经玉门关、阳关等进
入中国内地。究其原因，是源于中国古代礼俗的限制。自先秦至

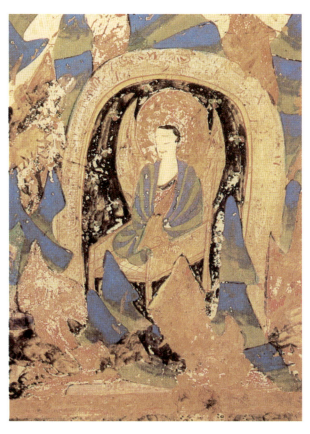

图五　敦煌莫高窟第 285 窟
西魏壁画椅子图像

汉魏，华土汉族社会沿袭席地起居习俗，所有国家礼制和个人行为规范，皆以席地起居为基础。按礼法正坐是跪坐，垂足跂踞都是不被允许的失礼行为。因此域外胡人的垂足跂坐的高足坐具，不合礼法，自然被拒于玉门、阳关之外。直到西晋灭亡，许多原居边陲的北方和西北的古代少数民族先后入主中原，建立割据政权，成为统治民族，出现被"汉族"正统史学家称为"五胡乱华"

图六　云冈石窟第 12 窟束腰圆凳图像

图七　云冈石窟第 12 窟束腰圆凳图像

图八　敦煌莫高窟第 285 窟五百强
盗成佛壁画中束腰圆凳图像

的"十六国时期"。传统汉魏礼俗被打破,成为统治民族的原草原放牧生活习俗传入中原,"华风夷俗"相互融和,形成新的礼俗。同时又接受了自天竺东传的外来宗教——佛教,随着佛教的传播和盛行,来自古印度及西域的高足坐具在社会上日趋流行。留存到今天的十六国至北朝时期佛教石窟中的高足家具图像,正是在这样的历史背景下产生的,反映了当时社会上特别是佛教活动场所中高足坐具流行的真实情景。西来的坐具椅子,因此出现在中原的社会生活之中。

垂足高坐的高足坐具在社会上的流行之风,到唐代日趋强烈,不仅与传统的席地起居家具分庭抗礼,更进入宫廷和官员的日常生活之中,呈现出日渐取代席地起居家具的趋势。前述高元珪墓壁画中,就看到原来汉末至北朝墓室壁画中,绘出的墓主人正面坐在上张帷帐的床榻上的标准程式,已为坐在大椅子上的新图像所取代。高元珪官至明威将军,从四品,表明当时高级官员家中确已重视椅子这种新式高足坐具。反映宫廷生活的传世绘画中,也出现了装饰华美的矮圈椅等垂足坐的家具(图九),章怀太子墓壁画和长安南里王村韦氏家族墓壁画(图一〇)中都有仕女垂足坐方凳的图像。在韦氏家族墓壁画中,还有围在大桌旁,坐在长凳上宴饮的图像(图一一)。在西安唐墓出土陶俑中,虽没有坐在椅子上的形象,但有坐在束腰圆凳上的对镜仕女,还有垂足高坐的说唱艺人。凡此种种,都反映着新式家具在社会上使用的情况。

图九　传世唐张萱《捣练图》
　　　中仕女坐凳图像

图一○　陕西西安南里王村唐韦氏家
　　　　族墓壁画仕女坐凳图像

　　五代时期，椅子的使用更加普便，与高桌、圆凳、屏风、高脚床等新的垂足高坐家具形成完整的组合，在家居中完全取代了传统的席地起居家具组合，给人们的社会生活增添了新情趣。传世的顾闳中绘长卷《韩熙载夜宴图》，正生动地描绘出这样的生活情景（图一二、一三）。

　　到北宋时期，椅子的制作逐渐进步，完全摆脱了高元珪墓壁画椅子代表的笨拙造型，更适于家居使用。1949 年以前在河北巨

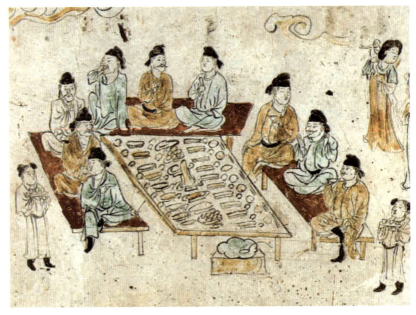

图一— 陕西西安南里王村唐韦
氏家族墓壁画宴饮图像

鹿宋城遗址获得的木制桌椅的实物标本，后来收藏于南京博物院，在20世纪50年代初南京博物院展览说明中还刊登过它们的图片，它们是迄今发现的北宋木制桌椅的唯一资料。木椅全高113厘米（图一四），据说上有墨书铭记，纪年为北宋崇宁二年（1103年）。木椅形制仍承袭唐代的大木构架，四脚使用圆材，并向外略侧，脚与脚间用类似阑额的撑木相联络。椅面下加木牙子，以加强承托力，并且给人以稳定牢固的感觉。后面是微向内弧的高靠背，没有扶手。整体造型简洁，不再如唐椅那样笨拙。北宋的墓室壁

图一二　传世五代顾闳中
《韩熙载夜宴图》
中所绘椅子图像

图一三　传世五代顾闳中
《韩熙载夜宴图》
局部

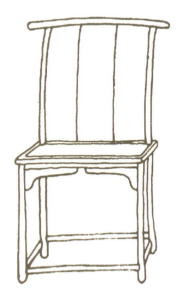

图一四　河北巨鹿出土宋代木椅

画中，椅子的形貌多与巨鹿木椅式样近似，更多出现于一般民众的墓葬之中，也可见当时社会上椅子使用的普及情况。而在宋代宫廷中，椅子也是主要的坐具，原清宫旧藏历代帝后图中，有宋仁宗皇后像，应为宋时画院画家写真，所绘可能是仁宗曹后，她就端坐在装饰华美的椅子上，椅前还设有踏足的脚床子（图一五）。传世宋高宗书《女孝经》、马和之补绘的图中，皇后也是坐在前设脚床子的椅子上。赵伯驹（赵千里，为宋太祖七世孙）所绘《汉宫图》，虽云绘的是"汉宫"，实为宋时宫廷写照，殿内所布置的家具，正中为宝座，两侧排列着大椅子，前设脚床子，椅上覆盖红色的椅袱。在当时北方地区的辽墓中，也多绘有家居桌椅的图像（图一六），河北宣化的辽墓中还随葬有木制的桌椅实物，一般桌脚和椅脚较矮（图一七），桌上还常摆满内盛食物的瓷食具。以后金朝的墓葬中，也如辽墓随葬椅脚较矮的木椅（图一八），墓室壁画内亦绘桌椅图像。这些都

图一五 清宫原藏宋仁宗后坐椅画像

表明，宋、辽、金时期，椅子已成为人们社会生活中不可或缺的日用坐具。

元朝时家具中的桌椅继续发展，墓室壁画中除通常的椅子外，

图一六　内蒙古宝山辽墓壁画中的矮脚桌椅图像

还常绘有交椅。在承袭前代家具的基础上，明朝时木制垂足高坐的家具发展达到新高峰，当时已没有在墓葬中随葬真实桌椅的习俗，所以在田野考古发掘中，只在明墓中出土有家具的木制模型，但制作得很精致，真实地反映出明式家具中椅子的造型特征，而且墓葬纪年明确，颇具学术价值。现举上海卢湾区肇嘉浜路明万历十七年（1589年）潘允徵墓的木椅模型（图一九）和苏州枫桥凤凰墩明王锡爵墓木椅模型（图二〇），供大家欣赏。

（原载《羊城晚报》1963年11月10日）

图一七　河北宣化辽墓 M10 出土矮脚木椅

图一八　山西大同金阎德源墓出土木椅

图一九　上海明潘允徵墓出土木椅模型

图二〇　江苏苏州明王锡爵墓出土木椅模型

古代的砲——发石机

你如果喜欢下象棋，或许会产生下面的问题：为什么棋中的"炮"字要写成"砲"或者"礮"？为什么在着子时它可以纵横行走，但是吃子时又必须中隔他棋越取敌子呢？其实，这正是我国古代砲特征的真实反映。

"礮"字所以从石，是因为现代火炮的前辈是古代的发石机，这个字是在晋赋里才开始出现，但是早在距今约 2500 余年前，越国就有能飞石一二十斤、投远两三百步的发石机。三国时，曹操与袁绍的"官渡之战"中，使用了"发石车"，因为发射时有巨响，又号"霹雳车"。经过改进以后，利用机械轮转，还可以

图一　古砲复原示意图

图二　发石机（砲）发射示意图

连发。到了唐代，李勣攻辽东之役所用发石机的石弹竟重达 300斤，可远掷于一里以外，可见在技术上有了更大的进步。

因为发石机的机体庞大，其梢杆和砲架一般都有两丈多高，构件又大多是用木头、皮革等制成，所以无法保存到现在，幸而宋代曾公亮《武经总要》一书中给我们保存了它的形象和结构。古砲的射击原理，是利用了杠杆作用，这又和古罗马的那种大弹弓似的投石机不同。它有一个木制砲架，上面架着梢杆，梢杆尾端系有拽索多根，梢头用绳子系着皮制的承弹器（图一）。发射时，先置好沉重的石弹，然后由很多砲手合力猛拉拽索，

图三　北宋《武经总要》里的旋风炮

借杠杆作用把石弹弹射出去，因此它不能平射，石弹都是呈抛物线形射向敌方，这样也可以用来进行隐蔽射击，或者隔着城墙射击城外的敌人（图二）。象棋中的炮隔棋吃子，大约是反映这一特点吧！

石弹常常制成规整的圆球形，1949 年以后修浚陶然亭的工程中，发掘出许多金代的大小不等的球状石砲弹，可以作为例子。

到了宋代，不但砲的结构更完备，而且品种日多，《武经总要》一书中就载有单梢、双梢、虎蹲、旋风等砲和各种砲车共 16 种之多，各有专用，其中旋风砲并能旋转，随意改变射击方向（图三）。火药发明后，把装有火药的砲弹抛射出去，就是最原始的"火炮"了，这种兵器在宋代已经开始出现在战场上了。

（原载《北京晚报》1961 年 6 月 11 日）

宋代市民游艺
——京瓦伎艺

在北宋都城汴梁（今河南开封）城内，有一处热闹的游艺场所，名叫"瓦子"，位于皇城东南角的东角楼附近街巷中。据孟元老《东京梦华录》卷二所记："街南桑家瓦子，近北则中瓦，次里瓦。其中大小勾栏五十余座，内中瓦子莲花棚、牡丹棚，里瓦子夜叉棚、象棚最大，可容数千人。自丁先现、王团子、张七圣辈，后来可有人于此作场。"除了各种文艺演出外，"瓦中多有货药、卖卦、喝故衣、探搏饮食、剃剪纸、画令曲之类。终日居此，不觉抵暮"。"瓦子"又称"瓦舍"，这一名称的来源并不十分清楚。据吴自牧《梦粱录》说："瓦舍者，谓其'来时瓦合，去时瓦解'之义，易聚易散也。不知起于何时。倾者京师甚为士庶放荡不羁之所，亦为子弟流连破坏之门。"这类专供当时一般市民乃至军卒暇时娱乐的场所，到了南宋时期，在都城杭州比北宋汴京更有所发展。据《梦粱录》卷十九所记，杭州城内外的瓦舍，合计达 17 处之多。

在瓦子演出的各种伎艺，名目繁多，大致可以看出有些与后世的戏剧有关，有些与曲艺、杂技以至武术表演有关。与后世戏剧有关的伎艺，主要有"杂剧"和傀儡戏。傀儡戏也就是后世的木偶戏，当时有"枝头傀儡"（杖头傀儡）、"悬丝傀儡""药发傀儡"等名目。此外也有"影戏"，影戏用的人物，在北宋汴京时是用"素纸雕簇"，后来改为"以羊皮雕形，用以彩色妆饰"，形成现代皮影戏的前身。与后世曲艺有关的伎艺，主要有小说讲经史、诸宫调、叫果子等名目。其中小说讲经史一项，实开后世说书艺人之先河。又据所讲述的内容不同，还可细加区别，讲史以讲谈历史故事为内容，"谓讲说《通鉴》，汉、唐历代书史文传，兴废战争之事"（《梦粱录》）。小说则偏重传奇情节，内容多烟粉、灵怪、传奇、公案，常是离不开朴刀、棍棒、妖术、神仙等打斗离奇的情节，引人入胜。除此而外，还有演说佛书、说参请的，表演者是一些和尚，主讲宾主参禅悟道等事，实际是借文艺表演形式以进行宗教宣传。诸宫调是以唱为主的表演，有鼓板或弦管乐器伴奏。还有浅吟低唱的小唱等。叫果子是模拟卖物小贩的叫卖声，属于口技一类。与后世的杂技以至武术表演有关的伎艺，如《东京梦华录》中讲的筋骨上索杂手伎、球杖踢弄、小儿相扑、杂剧、掉刀、蛮牌等。此外，还有索上担水、索上走装神鬼、舞判官，以及踢瓶、弄碗、踢磬、踢缸、教虫蚁、弄熊、藏人、藏剑、吃针等杂技、马戏表演。在瓦市中还有一种极受人们欢迎的项目，

图一　河南偃师北宋墓杂　　图二　河南偃师北宋墓杂　　图三　南宋绘画中的杂
　　　剧砖雕（摹本）　　　　　　剧砖雕（摹本）　　　　　　剧表演（摹本）

就是"相扑"，又称"角抵"或"争交"，它有些像后世的摔跤表演。由于瓦子里有上述的诸般伎艺演出，极受一般市民和军卒人等的欢迎，因此不管是风雨寒暑，都是非常热闹，那些最大可容数千人的表演棚内，观众总是满满的，日日如是。

　　两宋都城中瓦子的繁荣热闹的景象，早已成为历史陈迹，但近年来的考古发掘又为我们提供很多资料，使我们得以窥知当时演出的部分情景。下面选取杂剧、傀儡戏为例，作些简略的介绍。

　　杂剧是宋代市民游艺很重要的一项。关于杂剧演出的情况，据耐得翁《都城纪胜》，杂剧中末泥为长，每四人或五人为一场。先做寻常熟事一段，名曰"艳段"。次做"正杂剧"，通名为两段。最后还有后散段"杂扮"。在河南省偃师县酒流沟发现的一座北宋末年的墓中，墓室的北壁上嵌有六块上有画像的雕砖，其中的三块砖上的画面是与杂剧演出有关的，总共刻出五个姿态生动的演剧人物的形象，虽然无法查考他们具体表演的是什么剧目，但可以看出这三块砖大约代表着杂剧演出的三段。其中一块砖上刻有一个演员，从鬓边露出的短发和面像，可以看出是一位女演员，她双手张开一幅小巧的立轴画，身躯微向前倾，似是面对台下观众独白（图一）。这一画面表现的可能就是杂剧演出的第一段的情景，即"艳段"或称"首引"，系引起戏剧开场的意思。另一块砖上的画面中刻出两位男演员，左侧的一人右手托着一个包袱，他侧转脸去对右侧的人讲话，同时还用左手指点着对方。右侧的人头稍前倾，做出正专心倾听对方讲话的姿态（图二、四）。他们所表演的内容，大约是杂剧的第二段，即"正杂剧"，也就是演出的主要部分。至于杂剧的第三段，也就是主要的"正杂剧"演完的后散段"杂扮"，可能是第三块砖画面所描绘的情景。刻出的两位演员都是丑角的扮相，左侧的人托着内伏一鸟的鸟笼，并用右手指着鸟笼大张着嘴，似是对另一人讲话。右侧的人回转身来看着托笼的人，并把右手的拇指和食指含在口中，正在吹口哨。两个人都双足外扭，迈着"丁字步"，并像是按着同一节拍扭摆着身体，形象滑稽，引人发笑（图五）。除了杂剧砖雕外，还有两幅传世的南宋绘画，描绘的大约也是杂剧舞台人物的形象。其中一幅绘出两个表演者，左侧的一位眉目清秀的演员，着装颇为滑稽，头戴一顶下圆上尖的高帽子，身穿肥大的长袍，右胁下斜悬一个方形布袋，在帽子上、长袍的前襟和后背以及布袋上面，都画着许多眼睛（图三）。他侧身向右，用手指点着对面站立的另一位演员的右眼。另一位演员是农民的扮相，左手执着竹篦，也用右手指点着自己的右眼。有人考证这幅画可能画的是杂剧名目中的《眼药酸》，如果不错，那这幅画就是唯一的剧目明确的宋代杂剧图像。

关于杂剧演出时的乐队，在宋墓的砖雕中也有发现。河南禹县白沙东的一座北宋墓中，发现一组戏剧题材的砖雕，刻出的演剧人物造型较粗劣，艺术价值远没有偃师的那组高，不过其中保留了有关乐队的珍贵资料。刻出的乐队由七位乐师组成，演奏的乐器共五种，计有大鼓、腰鼓、拍板、笛和觱篥，

图四 河南偃师北宋墓杂剧砖雕（拓片）

图五 河南偃师北宋墓杂剧砖雕（拓片）

图六　江西鄱阳南宋墓出土戏剧瓷俑

腰鼓和觱篥各二件，余皆为一件。乐师有男有女，击大鼓和拍板的是女性，其余乐器则由男子演奏。

除了绘画和砖雕以外，也发现过一些和戏剧有关的雕塑作品，主要是一些南宋时期的白瓷俑。在江西鄱阳发现的南宋景定五年(1264年)死去的洪子成墓中出土的白瓷俑，共有21件，多是头戴各种样式的幞头，身穿圆领长袍，足穿靴，作各种不同姿态的表演，或俯首欲泣，或抬头远眺，或双手捧物，或举手舞蹈，或拱手肃立，或恭敬施礼，面部表情多样，神情灵活自然，很可能是模拟着登台作戏的演员（图六）。原来衣上施加有彩绘，现在已经大部分脱落了，仅在面部、袍带等处微见朱彩墨痕而已。类似的瓷俑在景德镇地区也有发现。

除了杂剧，傀儡戏也是宋代民间流行的表演艺术，利用各类偶人可以作多种题材的表演。据《都城纪胜》，傀儡戏主要表演烟粉灵怪故事，以及铁骑公案之类题材，使用和杂剧相近的剧本。由于用偶人表演，所以更宜于演"多虚少实"的神鬼故事，"如巨灵神、朱姬大仙之类是也"。依据操纵偶人的技法等不同，又可以区分为悬丝傀儡（悬线傀儡）、杖头傀儡、水傀儡、肉傀儡等名目。1976年在河南济源县发现了两件宋代的三彩枕，其中一件枕面中部是儿童游乐图，描绘出三个在池边柳荫下玩耍的儿童。其中有一个头挽双丫髻的绿衣白裤小儿，坐在绣墩上，右手执着一个提线木偶作戏（图八），另两个小儿一个敲锣、一个吹笛进行伴奏。虽然描绘的是小儿游戏，却可以看出宋代悬丝傀儡的结构和操纵手法，和现代的提线木偶是完全一样的。在济源发现的另一件三彩釉枕面上，在四角有四个圆形的画面，也都是描绘着小儿游戏的题材。其中左下角一幅，绘出一个坐在地上的小儿，绿裙红色兜肚，白胖可爱，举右手耍弄一个黄衣的傀儡（图七）。这一傀儡是在头下连接衣套，双臂旁伸，用手操纵傀儡活动。这种木偶，

图七　河南济源出土宋代三彩枕（摹本）

图八　河南济源出土宋代三彩枕（摹本）

图九　宋画《骷髅幻戏图》

现代也有同样的形象。上面的考古资料虽然无法代表宋代傀儡戏表演的盛况，但提供了有关提丝傀儡等的形象资料。至于杖头傀儡的具体形象，可以从中国国家博物馆所藏的一面宋代方形铜镜背面的装饰图像中看到。那也是描绘着儿童游戏的情景，其中有一个童子在帏帐后表演傀儡戏，他双手各举一个手持兵器的杖头傀儡，使两个傀儡互相搏击，看来演出的是表现战争场面的武打戏。还有一幅传世的宋画《骷髅幻戏图》（图九），其中画出的大骷髅也是耍一个提线木偶的小骷髅，十分生动又富于魔幻色彩。

（原载《文史知识》1984 年第 6 期）

镜奁·镜盒·镜台

中国古人自照容颜，长期使用青铜镜。追溯以青铜制镜的历史，至少是在距今 4000 年以前的齐家文化时期。殷商时期的青铜镜，也已在安阳殷墟的墓葬中出土过，仅妇好墓中就出土过4件。东周时期，青铜镜制工日趋精美，使用颇为普遍。后历经汉魏六朝，直至隋唐宋元，青铜镜的制作和使用经久不衰。殆至玻璃镜于晚清流行，才最终退出历史舞台。制工精美的青铜镜，自为人们珍爱的日常用具，为保镜面明莹，除适时打磨外，也须仔细收贮，自然就制作了专为贮镜的器具。而以镜照容时，除以手持外，也须有支承的器具，特别是当梳理头发和做面部化妆时，总须双手同时操作，自然无法再以手执镜，因此支承铜镜的器具乃是不可缺少之物。由于上述原因，存贮铜镜的镜奁、镜盒以及支承铜镜的镜台等物应运而生，它们也与铜镜一样，是古人日常生活中不可或缺的用具。目前在考古发掘中出土铜镜数量颇多，而与铜镜有关的存贮或支承的器具虽有发现，却不如纹饰精美、制工精良的青铜镜受人注意。

先秦时期用以存贮青铜镜的器具，在湖北的楚墓里曾有出土。1982 年发掘的江陵马山 1 号楚墓中，在头箱的大竹笥内存放的物品中有一件小圆竹笥，放有包裹在凤鸟花卉纹绣绢镜衣内的羽地蟠螭纹铜镜。圆竹笥编工精巧，盖顶周边及转折处，口沿的内外层均用宽竹片相夹，细篾锁口。外层经篾涂成红色，纬篾黑色，编织成矩形和十字形花纹，内层篾为素色，正中用红、黑色篾编成十字交叉纹。盖、底套合通高 5.4 厘米，直径 23.2 厘米。江陵马山 1 号楚墓中埋葬的是一位年龄约 40 至 45 岁的女性，那件精工编成的圆竹笥，即是她用以存贮铜镜的"镜奁"（**图一**）。与镜奁同时出土的小竹笥，还盛有梳篦等物。

到了汉代，存贮铜镜的器具常常是精致的漆器。湖南长沙马王堆西汉软侯家族墓中，在 1 号墓内发现有单层五子漆奁，其中放置有裹在镜衣中的青铜镜，还有梳、篦、笄、镊等物品。那座墓中的死者也是一位年长的妇女。

如从上述墓例看，镜奁似多出土于妇女墓中。《后汉书·皇后纪》中，亦记有光武帝阴皇后镜奁之事，汉明帝谒原陵时，"从席前伏御床，视太后镜奁中物，感动悲涕"，《后汉书》作者以此作为明帝"性孝爱"的例证。上述考古发现与文献中，镜奁均与女性生活相联系，但如果得出当时镜奁仅只妇女使用物的结论，

图一　湖北江陵马山 1 号楚墓出土竹
编镜奁及丝织品包裹的铜镜

则是不切实际的，如广州市象岗山西汉南越王墓中，放置南越王物品的西耳室中，出土有目前国内考古发掘所见最大的西汉绘画青铜镜，就存贮在圆形的漆镜奁之中。可惜那件漆镜奁早已残损，难辨全貌。同时文献中还有皇帝赏赐物品中有镜奁的记载，《太平御览》引蔡邕表曰："赐镜奁等，前后重叠，父母于子，无以加此。"感激之情溢于言表。

以漆奁盛镜，直到晋时仍盛行，《太平御览》引晋《东宫旧事》："皇太子纳妃，有着衣大镜尺八寸，银花小镜尺二寸，漆匣盛盖。"此外，晋时又流行以青铜制作镜奁。在江苏宜兴发掘的西晋周处家族墓中，第 5 号墓和第 6 号墓都出有铜质镜奁。镜奁的形制相同，都是圆形，有盖，盖顶心有纽，盖面和奁腹各饰弦纹数周。第 5 号墓出有两件镜奁，一件盖径 19.2 厘米，高 10.5 厘米；另一件盖径 18.9 厘米，高 10 厘米。奁内除各存贮有铜镜和铁镜外，一件镜奁内还有铁匕首，另一件内有铜弩机（图二、三）。第 6 号墓的镜奁，亦高 10 厘米，其中只放一面圆铁镜。看来这些铜质镜奁，都是死者生前的实用器具，表明当时社会上既流行以铜制作镜奁，又流行使用铁镜。至于晋时漆镜奁的残迹，可以从南京象山王氏

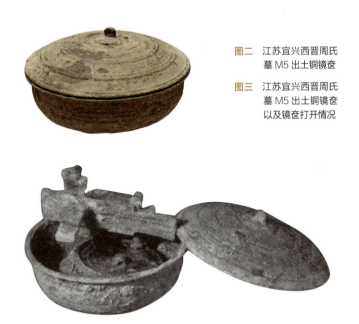

图二　江苏宜兴西晋周氏
　　　墓 M5 出土铜镜奁

图三　江苏宜兴西晋周氏
　　　墓 M5 出土铜镜奁
　　　以及镜奁打开情况

家族墓中看到，其中第3号墓（王丹虎墓）出土铁镜上有丝织物残痕，周围尚存圆形漆镜奁痕迹，奁上有银质柿蒂纹饰件，可见铁镜原是裹于镜囊内，再置于漆镜奁之中。第2号墓出土的铜镜上面，也存有红漆片残迹，也应贮存于漆镜奁之中。

类似周处家族墓出土铜质镜奁形貌的青瓷器，在六朝青瓷中常可见到，或许有些是瓷镜奁亦未可知。目前所知确为贮存铜镜而烧造的瓷器，只有迟至宋代的遗物。在南京博物院所藏古代瓷

图四　南京博物院藏宋代瓷镜盒

103

器中，有一件北宋白釉黑花带盖瓷盒，通高 12.2 厘米。盒盖上饰黑彩莲花、荷叶和水生植物图像，内圈盖纽两侧分写有"镜盒"两字铭文（**图四**）。瓷器上有书明用途铭文的作品，是颇为罕见的。以宋代白釉黑花瓷镜盒与前述宜兴周处家族墓出土铜质镜奁相比，虽然时代相距甚远而且质料不同，但其基本造型大致相近，看来古人选择这种样式的容器来贮存铜镜，是经过深思且经过实用的考验，才能流传久远，长用不衰。至于传统的漆镜盒，宋代仍然沿用，并采用了当时流行的新工艺技巧，20 世纪 70 年代末期，曾在江苏武进发现一些精美的南宋漆器，其中有一件镜盒，木胎，长 27 厘米，以剔犀工艺制作而成，褐底、黑面，朱、黄、

图五 江苏武进出土宋代
漆镜盒

104

黑三色更叠，剔刻云纹图案（图五）。而且这件镜盒是为收贮新式样的有执柄的铜镜而制作，更表现出当时流行的新款式。

至于支承铜镜的镜台，特别是帝王官僚所使用的，多追求华美，文献中多有记述，如《太平御览》引《三国典略》曰，"胡太后使沙门灵昭造七宝镜台"。《魏武杂物疏》曰："镜台出魏宫中，有纯银参带镜台一，纯银七贵人公主镜台四。"晋《东宫旧事》曰："皇太子纳妃有玳瑁钿镂镜台一。"此外，《世说新语》还记载温峤北讨刘聪时，曾获"玉镜台"。可惜目前在考古发掘中，还没有能够寻到这些豪华精美的古代镜台的身影。只有在传为顾恺之绘的《女史箴图》中，有对镜梳妆的图像，绘出一镜台，但结构颇简单，下有覆钵状基座，上设立柱，柱端悬铜镜，柱中段设一方盘（图六），从其形貌自难想象古文献所记豪华镜台的庐山真貌。

目前考古发掘中能较清楚地揭示出形貌的古代镜台，已是迟至宋代的物品。在宋墓的壁画或雕砖中，常可看到镜台的形貌，其中发现较早的，是 20 世纪 50 年代初发掘的河南禹县白沙宋墓中的镜台壁画，绘于第 1 号墓后室西南壁。画面绘出女子对镜著冠，旁有四女侍执物侍奉。镜台形貌清晰，着淡赭色，台端画七枚蕉叶饰，下系圆镜一面（图七）。镜台之下有方桌或方台，使镜面高度正好与站立著冠的女子脸部持平。据宋陆游

图六　传东晋顾恺之《女
　　　史箴图》中的镜台
　　　图像

《老学庵笔记》："今犹有高镜台，盖施床则与人面适平也。"白沙宋墓所绘就是这类高镜台的一种，是将镜悬挂在镜台上，这还是承袭着晋唐以来的传统，如《女史箴图》中将镜悬挂在镜台上。与白沙宋墓所绘镜台相似的砖雕，在郑州一带的宋墓中也有发现。在宋墓壁画中还绘有另一种高镜台，是将铜镜放置在镜台的支架上。河南新密平陌村北宋大观二年（1108 年）

图七　河南禹州白沙宋墓壁画上妇女对镜戴冠

图八　河南新密北宋墓壁画上的镜台图像

墓壁画，绘有以支架承镜的高镜台（图八）。但是迄今还没有出土过宋代镜台实物。目前所获得的制工最为精美的镜台，已是元末的制品，出土于江苏省苏州南郊吴门桥南的张士诚母亲曹氏墓中。

曹氏墓发掘于 1964 年，因曹氏葬时，张士诚割据姑苏称吴王，所以墓中随葬有象牙哀册，并随葬有大量豪华物品，有许多金银器、玉器及大量丝织品，其中有银镜一面，放置于银奁上层。另有一制工精细的银镜台（图九），镜台是折叠支架式，由前后两部分组成，后身顶部镂雕的双凤戏牡丹纹，中心的方框内有六瓣花形图案。内凸雕玉兔跳跃于流云、仙草之中，制作纤巧华美。将奁中银镜放置其上，恰为适宜。镜台通高 32.8 厘米。这件银镜台，可称中国古镜台中的佳作。

（原载《文物天地》1994 年第 6 期）

图九 江苏苏州元末张士诚母曹氏墓出土银镜台

Part II

艺术篇

鱼·蛙·鸟
——中国原始艺术札记之一

　　鱼，体态灵动的鱼，它的侧影经常出现在半坡人的红陶器皿上。这些距今6000多年的作品，陶色橙红，鱼纹墨黑，既明快醒目，又和谐淡雅，抒发出恬静的美感。画在大盆内壁的鱼纹，非常写实，鳍尾具备，鳞甲鲜明，轮廓线条劲健流畅。当盆内储满清水时，随着水波微漾，墨黑的鱼儿似乎脱壁而出，浮游水中，极富生趣。在写实的基础上，远古的艺术家捕捉住鱼儿体态的特征：圆睁的双目，近似三角形的头、修长而上下对称的身躯和分叉的鱼尾，由具体而抽象，从形似转神似，日益创新，出现了富于变化的多种鱼纹图案。在组合构图方面，时而单鱼独游，时而双鱼合体，时而二鱼对顶，时而三鱼并列，离合散聚，变化自然。后来，甚至把鱼体部分抽象成近似几何纹样的图案，装饰趣味更加浓郁。同时，装饰部位也逐渐从陶器的内壁移到外壁，形成环绕陶盆肩腹的装饰花纹带（图一）。半坡的鱼纹之所以能够如此生动而富于变化，正是当时生活在这处原始村寨的劳动者，在常年从事渔捕劳动中凝聚出的艺术结晶。为了祈求鱼儿会经常被网获，原始巫术又展开了翅膀，于是陶盆里壁除了对应的一组游鱼外，常常对应地安装了两张展开的渔网，意味着鱼儿会因此自动地游入网中。

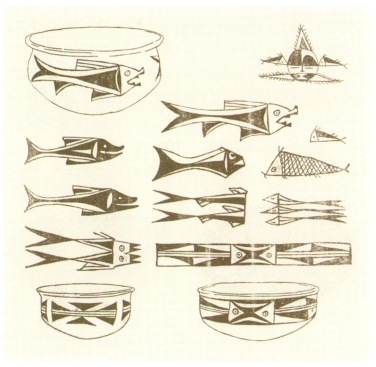

图一　半坡出土的鱼纹彩陶盆和各种鱼纹图案

不仅有写实的渔网，更出现了口衔双鱼的人头像，他有时头侧也
簪插双鱼，头上还顶着三角形的高冠饰，作风粗犷，古朴而且散
发着某种神秘色彩，这也应是一种原始信仰，至于确切的含意，
我们今天还不清楚（图二）。在同属于仰韶文化半坡类型的原始村
寨遗址里，也常常可以获得画有鱼纹的彩陶，在临潼县姜寨村和
宝鸡市北首岭两处遗址，都是如此。在姜寨还获得过和半坡相似
的彩陶盆，盆的里壁同样对称地画出一组游鱼和一组口衔双鱼的
人头像。不过姜寨还有两件值得注意的古代艺术品。一件是陶盆，
在里壁和两组墨黑的小鱼相对应的，是两只蹒跚地向盆沿缓缓爬
动的大蛙，缩头大腹，有着长满圆斑的脊背，它们和上下浮游的
灵巧的小鱼形成鲜明对比，别具匠心（图三）。另一件是褐彩陶瓶，
整体造型像一只大腹的葫芦，左右两侧都有可以用来系挂的小器
耳。充满瓶腹的装饰图案，却是一只图案化了的猫头鹰。圆圆的

图二　陕西西安半坡遗址仰韶
　　　文化人面纹彩陶盆

图三　陕西临潼姜寨遗址出土
　　　仰韶文化鱼蛙纹彩陶盆

头上对称地绘出两只大眼睛，左眼圆睁，右眼闭合，下面是斜向左侧的尖喙。看到这只睁一目闭一目的猫头鹰图案，令人联想起当代画家黄永玉所画的那只出名的猫头鹰。几千年前的先辈和当代画家一样，都曾仔细观察过猫头鹰的习性，准确地抓住它停立枝头时经常睁一眼闭一眼的特殊神态，因而创造了这样古朴而传神的艺术品。

在北首岭，除了画有鱼纹的彩陶外，还有一件精致的船形壶，陶壶的轮廓模拟成船的形状，象征着一只正在张网捕鱼的独木舟（图四）。在北首岭也出现了飞鸟的图案。一只细颈的陶壶鼓出的腹部，一侧游着一条游动的大鱼，它不是侧影，而是俯瞰；另一侧则立着一只尖喙长尾的大鸟。

比仰韶文化半坡类型晚400多年的庙底沟类型原始村寨遗址里，发现了大量花卉纹样的彩陶，古朴多变的鱼纹却伴随着半坡

图四　陕西北首领出土　彩陶船形壶

图五　陕西华县出土陶鸮面

图六　陕西华县庙底沟类型墓
葬出土黑陶鹰鼎

类型而消逝了。但是在庙底沟彩陶的万花丛中，依然可以看到缩头大腹、满背斑纹的大蛙的身影，它们都伏在盆的外壁上。与姜寨的形象相比，显得更加图案化。至于鸟纹，那就更为流行了。

前面提到的猫头鹰的艺术形象，庙底沟类型遗址也出土有这类艺术品。在陕西华县曾获得过一种陶质猫头鹰面残片，小小的尖喙两侧塑出一对圆睁的大眼睛，周围雕刻羽毛状纹，造型生动，又富有图案趣味（图五）。比猫头鹰形象更引人注目的是一苍鹰。在华县太平庄的一座墓葬里，发掘出土一件高约36厘米的黑陶鹰鼎。鹰首微昂，钩喙利目，凶劲有力。这座墓里埋葬的是一位成年妇女，从墓坑选择的位置到里面放置的随葬物品，都显示出与别的墓不同的特点，这说明，死者生前在原始氏族中有特殊的地位。所以，这件器表黝黑发亮的鹰鼎，似乎是当时母系氏族社会中权威的象征，而不是一件寻常的艺术品（图六）。

除了象征权威的雄鹰外，在华县的彩陶上绘有形象多样的飞鸟，都是黑彩绘成的，线条简练，造型生动。有的好像正在啄食，有的停立枝头，有的振翅欲飞，有的翱翔空中，极富生趣。同时，也可以看出从写实逐步向图案化演变的轨迹（图七）。

图七　陕西华县出土庙底沟类型的鸟纹

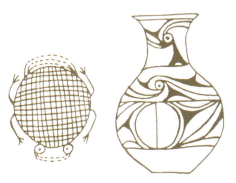

图八　马家窑类型的蛙纹和鸟纹

117

　　仰韶文化传统图案中的蛙和鸟，以后又影响到时代较晚的另一些新石器时代文化。例如，分布在甘肃等省境内的马家窑类型彩陶纹饰中，也可以寻到蛙和鸟的踪迹，这已是迟至距今不到5000 年的作品了。

　　在马家窑类型特有的回旋变化的圆涡图案里，可以找到随着整个圆涡一起回旋的鸟纹，仔细看去，高冠、圆睛、长喙和回旋飞舞的毛羽，都历历在目（图八：右）。硕腹的蛙也和鸟一样，更加图案化了，它伏在那里，变成浑圆的图案中心，身躯呈正圆形，伸出上下弧曲的纤细的四肢（图八：左）。虽然如此，还是可以看出它们都是从庙底沟类型的蛙纹和鸟纹演化而来的。到了再晚一些的半山期和马厂期的彩陶上，青蛙完全图案化了，只突出了折曲的四肢，还带有小小的脚爪（图九）。至于回旋的鸟纹，却把它的头缩入圆涡之中，继续旋转着，终于化成像太阳那样的圆球，于是人们称它为"拟日纹"（图一〇）。

　　看看这些远古艺术家创作的蛙和鸟的形象，以及它们的演化，就会想到，这可能有着原始宗教的含义，于是引导我们忆起中国古老的神话传说。在那些流传久远的传说中，三足金乌是太阳的象征，蟾蜍则是月亮的代表，这些传说看来可以追溯到 6000 年前那些古朴的蛙纹和鸟纹。那些蛙和鸟，很可能是太阳神、月亮神的崇拜在彩陶花纹上的体现。

　　　　　　　　（原载香港《美术家》总第 19 期，1981 年 4 月）

图九　甘肃兰州出土马家窑
　　　文化蛙纹彩陶瓮

图一〇　甘肃兰州出土马家窑
　　　　文化旋涡纹彩陶瓶

三星堆铜像

目前考古学范畴内尚存在多少未知的事物，难以估量，因此新的考古发现不断将问号推到人们面前，四川广汉三星堆的发现，正是近年来展现出的问号之一，有待人们进行深入的探索。面对三星堆出土的那些创作于 3000 多年前的青铜人物造型，谁能否认它们具有非凡的艺术魅力 ?! 劲健的线条，鲜明的轮廓，夸张的容貌，巨大的体量，金属的光泽，组合成神奇瑰丽而又古朴粗犷的艺术造型，散发着诱人的异彩。刚看到它们时，最初产生的感觉，只是对这些从未见过的怪异的形貌备感惊奇。呈现在面前的是如此硕大的青铜人面，面高超过 1 米，脸宽超过 1.3 米，是真人面孔的 3 ~ 4 倍。铜面上面浮起一双粗眉，其下巨目上斜，紧闭的阔嘴和棱角分明的方形下颌，现出某种奇异、神秘甚至令人生畏的表情。还有的更为奇特，生有凸出眼眶的柱状睛球，以及类似铜戈形状、向上斜伸的大耳朵，又有在前额伸出朝天的长角（图一）。再仔细看下去，发现那些面孔的轮廓线和刻画五官的棱

图一　三星堆出土纵目青铜人面

图二　三星堆出土金面青铜人头像

线，竟然是出奇地鲜明、简练而准确，绝对没有任何多余的线条，正如古人惜墨如金一样，那些无名的古代雕塑家可算是"惜线如金"，因此才形成如此浑厚粗犷的美感。赞叹之余，再仔细看下去，竟然不由自主地深陷于这些古代作品的艺术魅力的感染之中，初始时突发的惊异感早已消失，也不再去注意它们的创作手法和线条，似乎产生与这些古老的铜雕溶为一体之感，听到以它那硕大的体量呼喊出的艺术最强

图三 三星堆出土青铜立人像

音，震撼着人们的灵魂，情感随之沸腾，简直企望伴同它们深入那超越自然的神秘的氛围中去……

这些巨大的青铜人面像发现于1986 年，出土于四川广汉城西三星堆的两个相距约 20 ~ 30 米的大型古蜀人祭祀坑中，其中 1 号坑的坑口长度超过 4.5 米，宽度超过 3.3 米，坑口至坑底深度超过 1.4 米。除了青铜人面以外，还有铜人坐像、龙柱形器、龙虎尊、缶、盘、戈等青铜制品，又有金皮杖、金面罩、金箔虎形器等黄金制品，以及许多玉璋、戈、剑、佩、瑗、璧等，还有海贝、象牙以及大量烧骨碎渣。2 号坑的长度与 1 号坑大致相同，但宽度只有 2.2 ~ 2.3 米。在坑的表面放置有数十根象牙，其下埋有许多精美的青铜器、青铜人面、小青铜人头像、金面罩、戴金面罩的青铜人头像（图二）、玉石器等，数量之多超过第 1 号坑。其中最特殊的文物，要属高度达 3.84 米的青铜神树和高达 2.62 米的青铜立人像（图三）。青铜神树分为树与底座两部分。直树干，上分九枝杈，集成三丛。树枝上有三个桃状果，其中两个果枝下垂，另一果枝向上，在果上还立有一只钩喙的神鸟，伸展双翅，昂然挺立。自树顶又铸有一条逶迤而下的游龙，龙首上昂，一足踏于树座之上，神奇瑰丽（图四）。青铜立人像尤其引人注目，它是迄今为止在中国考古发掘中获得的最大型的青铜人像，由方座和立人像两部分构成，分段嵌铸而成，人像衣饰华丽，赤足立于方座上，右臂上举，右手置于鼻前，左臂平举，左手与胸平齐，双手造型夸张，其大小与身躯比例过大，粗大的拇指与食指、中指、无名指相握成环形，惜原握持物已失。

图四　三星堆出土青铜神树

人像的面型与那些巨大的青铜人面相同，也是粗眉之下巨目上斜，方颏阔嘴，大耳斜伸，表情严肃而显神秘。

对于古代蜀人铸造的这些神秘的青铜人物造型艺术品，学者们进行过研究，对当时人们制作它们的目的，作了各自认为正确的推测，但我至今还难以认定哪种推测是正确的。不过可以肯定一点，它们与古代蜀人的信仰或者宗教有关。这些作品今日仍散发着感人魅力，看来当年令人敬畏崇拜的宗教目的是达到了。但是创作者绝不曾想到，它们在地下沉寂了几十个世纪以后，再现人间，后代的"新"人（也许有些人只出于猎奇心理）还会感受到它的艺术魅力，从而得到非凡的艺术享受。其实这也无甚奥秘，只是缘于这些作品表现了时代风格以及民族特征，因而具有了持久的生命力。

这样一来，我进一步悟出了早已存在的一个道理：真正具有时代风格和民族特征的作品，其艺术魅力持久不衰。三星堆铜像之所以能拨动今日观众的心弦，产生共鸣，并非因为创作它们的古代蜀人是专为其后几十个世纪的人们所特意设计的，这又正是今天我们折服于它的艺术魅力的原因。美术考古的历史告诉我们，越是真正具有浓烈的时代风格和民族特征的作品，才越为几个甚至几十个世纪以后的人们所喜爱。

（原载《中国美术报》1988 年 12 月 2 日）

中国青铜兵器装饰艺术

　　中国古代商周时期，王公贵族将征战视为与祭祀同等重要的大事。战车隆隆、戈矛铿锵的战场，正是他们施展才华的广阔天地。因此，当时青铜器的制作，除了占首位的用于祭祀的礼器外，其次便是用于兵戎的各类兵器和防护装具（图一）。

图一　江西新干大洋洲商
　　　　代大墓出土青铜胄

图二 湖北江陵望山1号楚墓出土春秋时期越王勾践剑

为了提高青铜兵器的杀伤功能，需要不断改进其形体，使锋刃更加锐利，而且更加牢固耐用，一般必须设计得脊厚刃薄，外轮廓平滑流畅，弧曲适度，重量分布均衡等等，这些都符合于艺术造型的一些基本规律。例如青铜剑，窄长具有中脊的剑体和两度弧曲的侧刃，构成极均衡对称、轮廓线平滑流畅又富有变化的优美造型。再如越王勾践剑，剑体上饰有漂亮的菱格暗纹和错金的铭文，今日看起来确是颇具美感的古代青铜艺术品（图二）。堪与其媲美的，还有同样带有错金铭文的吴王夫差矛。

除青铜兵器造型本身流露出的美感外，王公贵族装备的兵器还不乏装饰华美的精品。更有一些身大体重的青铜钺，纹饰繁缛精美，显示出持有者高贵的身份和社会地位，是权威的象征物。殷墟妇好墓中出土的两件大钺，正是她生前统领大军时作为统帅的权威的象征。大钺上饰有双虎扑噬

图三　河南安阳殷
墟妇好墓出
土青铜钺

人头图案，散发着狰狞、恐怖而神秘的色彩（图三）。类似造型的钺，
在山东、湖北、陕西等地都有出土，钺体上常饰有镂空的半人半
兽的图像，圆口巨目，獠牙外露，面貌狰狞而令人心悸，或者认
为它是《山海经》中刑神蓐收的图像。

　　除青铜钺外，戈、矛、戟等也常铸出精美的纹饰。另有一些
造型奇特的青铜兵器，属于仪仗用具，镶嵌有精致的玉石装饰，
或者嵌以玉质的器刃，如嵌有玉刃的铜矛，在造型、装饰和色彩
诸方面都力求华丽美观。

　　青铜铸制的防护装具，更是装饰有令人望而生畏的纹饰。殷
墟出土青铜胄铸出的兽面纹，有牛、虎等种，狰狞又美观。至于
青铜盾饰，多铸成人面或兽面纹饰，神奇恐怖，借以威吓敌人。

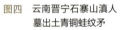

| 图四 云南晋宁石寨山滇人墓出土青铜蛙纹矛 | 图五 云南昆明官渡羊甫头 113 号墓出土青铜鹿蛇纹銎斧 | 图六 云南晋宁石寨山滇人墓出土青铜吊人饰矛 |

在边陲活动的古代少数民族，都很注重青铜兵器的装饰。以游牧为业的北方诸族，喜好将刀剑的柄首铸成羊、马、鹿、虎等动物的形貌，具有民族特色。西南的滇族青铜兵器，上面常附加大量立体的鸟兽图像。一些戈、盾、啄、斧的銎管上，附有立体的鹿（图五）、牛、猿、虎、狼、蛇、蛙（图四）、穿山甲等，有时更铸出人像。其中的一件吊人青铜矛（图六），是在矛的双翼下角，各用锁链吊绑着一个裸体人像，双臂反剪绑在背后，头无力地低垂，任凭乱发在额前垂摆，可能是奴隶或俘虏，造型凄惨动人，最能揭示出当时滇族社会中残忍的一面。

（原载《人民日报》海外版 1993 年 2 月 27 日）

瓦当

　　瓦当是中国古代独特的建筑装饰艺术品。中国古代传统建筑是在木构梁架上铺盖瓦顶，屋瓦又分为仰置的板瓦和覆扣的筒瓦，两种瓦连续仰覆扣合，形成行行瓦垄，既利于排水又使屋顶面富有变化。在筒瓦垂铺到屋檐时，必须有遮挡，于是出现了瓦当。为了美观，还在它上面装饰各种图纹及图案化的文字。目前所知时代最早的瓦当，是西周时期的作品。出土于陕西省扶风县召陈村的瓦当，呈半圆形，上面饰有重环纹等纹饰，制作于西周晚期。到东周时期，这种呈半圆形的瓦当颇为流行，习惯称它为"半瓦当"。在当时各诸侯国的宫殿遗址中都可以寻到它们的踪迹，其中以齐国的临淄和燕国的下都所出土的最有特色。前者多是居中置一大树，两侧对称塑出人、动物或云纹，线条较细（图一）；后者主要是饕餮、对兽等图像，显得豪放浑厚（图二）。

　　进入秦汉时期，半瓦当逐渐消逝，代之而流行的是整圆的瓦当。秦瓦当的纹饰中，最常见的独特的夔纹，细部多有变化。此外，也有夔凤、奔鹿等图像，作风粗犷生动。这些圆瓦当的直径，一般 14 厘米或 15 厘米左右，但在秦始皇陵园等遗址，出土了一种直径达 60 厘米的大瓦当（图三），形状也较特殊，在整圆的下底切割去约 1/4，形成平底，上面装饰着山形的夔纹，大约也是

图一　山东齐临淄城遗址
　　　出土树木人物纹
　　　半瓦当（拓片）

图二　河北燕下都遗址出
　　　土兽面纹半瓦当

图三　辽宁秦碣石宫遗址
　　　出土大瓦当

图四　陕西历史博物馆藏四神纹瓦当之青龙

图五　陕西历史博物馆藏四神纹瓦当之白虎

图六　陕西历史博物馆藏四神纹瓦当之朱雀

图七　陕西历史博物馆藏四神纹瓦当之玄武

秦始皇好大喜功的另一种表现。汉代的圆瓦当，以图案化的文字为主题的瓦当数量增多，常将圆面分割为四等分，上各书一字。铭文的内容有的是吉语，如"长乐未央"（图八）"千秋万岁""延年益寿"等；有的表示重要事件，如"汉并天下"等；有的是宫苑的名称。至于以图像为主题的，最常见的是各种卷云纹，有龟、蛙、兔、雁等和四神图像，以四神图像最精美。在直径不及20厘米的圆周内，塑造出张牙舞爪的白虎、昂首修尾的苍龙、衔珠

图八　西汉长安城未央宫遗址
出土长乐未央纹瓦当

图九　南朝建康城出土莲花
纹瓦当

傲立的朱雀和蛇龟相缠玄武，造型简洁，布局匀称，线条劲健，富有装饰趣味（图四至图七）。

　　南北朝以后，瓦当纹饰变为以莲花纹（图九）和兽面纹为主，带有文字的瓦当日渐减少。到了唐代，大量使用各式的莲花纹为瓦当的主要装饰图像，在唐代都城长安与洛阳的宫殿遗址中，出土的大都是莲花纹瓦当，莲花周围有一圈联珠边饰，显得富丽华美。到辽、金、元时期，普遍流行的是兽面的瓦当，俗称"鬼脸瓦"。明清时期，兽面、莲花以及其他花卉纹饰的瓦当，在民间仍然流行；宫廷使用的则是华美的蟠龙纹瓦当。

　　还应提到的是，深受中国古代文明影响的朝鲜半岛和日本，采用与古代中国同样的木构架铺盖瓦顶的建筑形式，因此同样使用瓦当。日本奈良时代大量使用的莲花纹瓦当，可以看出明显受到唐文化的影响。

（原载《人民日报》（海外版）1989年3月25日）

中国画像砖
艺术的轨迹

    汉代的画像砖艺术，对于中国古典美术的爱好者说来，是绝不陌生的。特别是发现于中国西南地区的作品，它们原来嵌砌在四川省各地东汉晚期墓室内壁上，既有壁画的功能，又具有装饰效果。这些画像砖多是方形的，一块砖上模印一幅，画面完整，内容各异，除了通常的传统题材，那些神仙和显示身份地位、夸耀奢华豪富的画面，如西王母、日月神、车骑（图一）、仪卫、鼓吹、武库、庭院、楼阁、宴饮（图二）、舞乐、百戏等以外，还出现有授经、考绩，又有播种、薅秧、收割、踏碓以及采桑、采芋、采莲、弋射、行筏、酿酒、盐井等生产情景，甚至还有市井、酒肆的画像，展出了一幅又一幅风格清新的古代风俗图，生动地再现了当年的生产活动和社会生活各方面场景，不仅是精湛的艺术品，同时具有极高的史料价值，因此备受重视。从 20 世纪 50 年代以来，不断有介绍四川汉代画像砖艺术的专著出版，许多图像也经常被历史学家引用在他们的著作之中。

    四川的东汉画像砖，从技法和制造工艺等诸方面考察，都相当成熟，已经可以说是达到了这种艺术的高峰。那么画像砖艺术

图一　四川成都出土东汉骑
　　　吏画像砖（拓片）

图二　四川成都出土东汉宴
　　　饮百戏画像砖（拓片）

的出现，自然是远较这一时期早得多，追溯上去，至少可以到公元前 3 世纪。目前发现的年代最早的画像砖，是秦代的遗物，都出土于陕西省境内，特别是秦都咸阳一带。20 世纪 70 年代中期开始了对秦都咸阳的宫殿遗址的考古发掘工作，了解到一些宫殿的踏步是用较大型的空心砖铺砌而成的，上面模印的纹样，一般是由回纹和菱形构成的几何图案，但也发现了模印龙、凤图像的空心砖。图像系阴纹线条，形象具有秦代造型艺术那种伟丽而粗放的风格，砖的长度超过 1 米，宽度超过 0.3 米，龙体卷曲回转，四足对称，在弧曲的背弯处托一圆璧（图三）。也有的是双龙图案，首尾相衔。

凤纹的砖没有保存完好的，但可以看出凤的姿态有回转曲体的，也有挺身直立的，还有的凤背上骑有水神。上述作品正是中国古代画像砖最早的标本。除了这种整体模印的画像空心砖外，陕西出土的秦代空心砖上的画像还有另外一种类型，那是用较小的印模，在砖坯上连续捺印出来的，其中典型的代表是临潼出土的狩猎纹画像空心砖，拼命逃逸的奔鹿后面，紧随着一头扑向它的猎犬，接着是跃马弯弓的骑士，他们奔跑在起伏的山峦之间。这块砖上的画面划分为上下两栏，每栏捺印两组射猎画像，上下左右共计四组，画面虽然相同，但由于不断地连续重复地出现在观者眼前，反而增强了运动感，逃鹿、追犬、骑士反复奔驰，使人眼花瞭乱，目不暇给。另外一块藏于陕西省博物馆的秦代画像

图三　陕西咸阳出土秦龙
　　　纹空心砖（拓片）

空心砖，画面较为复杂，使用的印模多达五种，分别表现出侍卫、宴饮、山林和射猎的不同场景，其中的射猎画像也是一鹿、一犬、一骑，与前一块砖上的画像雷同，如果不是使用了同一块印模，那么两块印模的粉本也是出自一源。同样令人感兴趣的，是在这块砖上使用的宴饮画像的印模所印的图像，又在一块传出土于凤翔的秦代画像空心砖上出现了。在那块砖上它被用为主要的图像，自上而下连续捺印五栏。最下一栏捺印着一组山林画像，鸟兽隐现于山石树丛之间，恰又与藏于陕西省博物馆那块上的山林印模一样。同样的印模连续捺用并出现在不只一块砖上，反映出当时第二类画像砖制作工艺方面的特点，同时说明已出现了专门制作这类画像砖的手工业作坊，并且成批地供应这类产品。它们又似乎与从宫殿遗址出土的第一类画像砖的使用范围不同，第一类大约是专供宫廷烧造的，第二类则可能是供身份较低的人使用的，也许是用于砌造墓室。而且两类画像砖除了第一类是一砖一模，第二类是用小的反复捺用的印模外，第一类的印模是阳文的，故制出的画像的线条是阴线；第二类印模则是阴文的，因此印出的画像是凸出砖面之上，但衣纹等细部线条仍是阴文的。

到了西汉时期，画像砖艺术在承继着秦代传统的基础上，有了很大的发展。在都城长安的宫殿建筑中，看来仍然使用大型的画像空心砖作为踏步，纹样的主题是"四神"，即青龙、白虎、朱雀和玄武。在茂陵附近就曾出土过印有朱雀纹的画像空心砖，砖面上模印出两只朱雀，雀尾相对而面向相反，朱雀高冠华尾，口内衔珠，屈项挺胸，姿态雄健而华美（**图四**）。此外，还有砖侧模印出白虎和玄武的长条砖，它们不是空心的。这些砖上的图像是整砖一模，应是承继着秦代第一类空心画像砖的传统，所用印模却是阴纹的，因此图像的轮廓浮出砖面。在咸阳市任家嘴附近的一些西汉中期以后的墓葬中，出土了一批模印四神纹的空心画像砖（**图五**），上面的图像和茂陵附近出土的近似，但线条明晰，构图变化也较多，是少见的西汉画像砖珍品。除了砖的顶端外，在砖面或砖侧的图像都是成对成双，左右对称的形式，中间常常置一圆形的玉璧图像。青龙除了相对戏璧形象以外，更多的是反向回首，曲体交尾或者尾尖相对上托圆璧，姿态颇为灵活生动，富于变化。朱雀作展翅舞姿，长尾飘飞，较茂陵砖纹气韵生动，口内也都含有宝珠。玄武龟蛇相缠，龟的背甲颇为隆凸，显得形

图四　茂陵出土朱雀纹空心砖（拓片）

图五　陕西咸阳出土四神画像空心砖

体蹒跚，但头颈颇为修长，且口中伸吐出如蛇的长舌。上述三种图像都是神奇化的出于想象的动物，只有白虎是写实的，这与茂陵出土的虎纹砖相同。除了图案趣味浓厚的双虎争璧外，还有两种画面。一种是双虎反向前行；另一种是一虎腾身前扑，另一虎反向伫立，回首目视腾扑的同伴。从构图来讲，腾扑的虎整体呈三角形，占有砖面的上斜角；伫立的虎也呈三角形，占有砖面的下斜角，两虎一动一静，因此构图严整而富于变化，虎是写实的形象，威猛异常，可以说是反映西汉画像砖艺术水平的突出例子。除四神图像的整砖一模的以外，这时也有如秦代画像空心砖的第二类砖，砖面用小型的印模反复捺印，然后结合成整幅图案，但多是几何形纹，仅茂陵附近出土的一块，砖面中心是几何形纹，但四周的边框用对龙纹小印模捺印，龙背上还骑乘有羽人，形成多方连续的图案。

　　除了西安地区，在洛阳地区也发现有西汉时期的模印画像空心砖，它们的基本工艺和艺术特征是与都城长安的相同，但在风格方面也有地方特色。除了大量用于构砌墓室的捺印图案的空心砖外，另一些是用小印模捺印人物、鸟兽、屋阙等，然后组合成整面图案。印模阳纹和阴纹的都有，但都是以劲健的线条勾勒出图像，简练而准确。多是一物一模，不像陕西秦砖那样把一组射猎场景刻成一长方形印模，而是一鸟、一树、一朱雀、一白虎……外无边框，因此可以灵活安排，随意捺印，组成变化无穷的画面。其中双鹿和骏马的造型极为生动，双鹿并排前奔，但姿态是一前视一回首，加上姿态不同的八条腿，构成动感很强烈而图案化又很强的图像。至于骏马，或引颈嘶鸣，或挺首伫立，异常神骏。把一牵马状的人像和一匹嘶鸣的马捺印在一起是一幅生动的牵马图；而把同样的人像和一只曲颈回首的虎捺印在一起，则形成一幅牵虎图（图六）。把回身引弓的射手印模与双鹿捺印在一起，是一幅射鹿图；而把同样的射手与猛虎捺印在一起，又成为一幅射虎图。这真不能不令人叹服古代工匠的才智。在郑州地区相当公元前1世纪到公元1世纪前期的西汉中晚期墓葬里，也广泛使用捺印的画像空心砖，或用以构筑墓室，或仅用来作为墓门的门扉。使用的小型印模为阴纹，所以印出的画像浮出砖面，令人观后产

图六 河南洛阳出土画像砖（拓片）

生近似浮雕的印象。与洛阳地区相比，似乎这里的题材更为多样，而且人物的形象也更加生动，仅以 1979 年在郑州新通桥附近发现的一座西汉画像空心砖墓为例，砖纹印模的题材即达 45 种之多，有门阙、人物、乐舞、车骑、狩猎、驯兽、神仙、禽兽等等，仅骑射一项，就有姿态不同的三种以上印模，有的骑士纵马前射，有的反体回射（图七），有的不仅骑士反体回射，连骏马也回首后视（图八），还有的骑士在马上举弓挥舞，无不生动传神，把它们连续捺印在砖面上，于是形成群马奔驰声势夺人的场景。遗憾的是这些砖上的画面，多是几何状图案和画像间杂地捺印在一起，图像也是成排成栏地把相同的或不同的画面的印模捺印上去，缺乏有机联系，并未形成统一的构图，自然显得凌乱。因此在郑州南关第 159 号汉墓中发现的两块画像空心砖，就显得特别难能可贵了，虽然也是用小型印模捺印的图像，但是作者把它们有意识地组织在一起，使整个砖面（面积约 3200 平方厘米）形成一幅完整的宅院建筑图（图九）。在由家犬守卫的围墙间是旁树高阙的大门，一队骑士通过大门驰向内庭。内庭也有围墙和华美的门楼，庭内楼阁高耸，主人在楼上凭栏端坐。庭院内遍植树木，院墙外更是林木环绕，并有成群的朱雀回首振羽舞于林中。另一砖上的画面题材相同，但构图又有所变化，因而免去雷同之感。两砖仍

图七　河南郑州汉画像砖上的单骑回射图像（拓片）

图八　河南郑州汉画像砖上的猎虎图像（拓片）

是沿用西汉画像空心砖习用的一事一模的小形印模，分为树木、朱雀、骑士等，建筑物则是屋顶、立柱、墙（带有家犬）、门、阙分别制模，然后随意结合捺印成整座建筑，作者构思巧妙，故能把所有的印模结合成为一体，就使画像砖在艺术造型方面向前跨进一大步，开后来整幅统一构图、情节生动的东汉画像砖之先河。

西汉政权在农民大起义的怒涛中覆亡，东汉政权继之建立，政治中心移到洛阳。随着政治权力的更迭和时间的推移，在物质文化领域也发生了许多变化。在西汉初期突然广泛流行的大型空心砖（包括画像空心砖在内），这时又像它盛行时那样突然衰落了，东汉时期濒于绝迹。

图九　河南郑州 159 号汉墓出土画像砖（拓片）

但是空心砖的衰落，并没有导致画像砖艺术的衰微，反而使它摆脱了旧的形式的束缚，不必再去符合大型笨拙、工艺复杂的空心砖的各种限制，改而采用一般的实心的砖型，制作工艺因简便易行而开拓了画像砖艺术发展的道路，使东汉时期的画像砖艺术出现了一个高峰。东汉时期画像砖艺术的新发展，首先是题材方面的突破，西汉初期完全以四神图像构图的做法，早已被打破。西汉中期以后盛行的用程式化的小印模临时拼组画面的手法，也被摒弃，画像砖也和它的姊妹艺术画像石一样，向着题材多样化、情节故事化转变，描绘神仙信仰的题材虽然仍在流行，表现手法也有新的发展，但更多的是反映现实社会的生产和生活的画面，当时大规模的封建庄园经济的兴起和强宗豪族势力的膨胀，促使画像砖艺术出现众多表现社会生活的新题材。其次是画像砖艺术在分布地域上的扩展。西汉的画像砖仅存在于陕西和河南地区，到了东汉，随着陕西地区因政治权力的东移而经济文化各方面趋于沉寂的局面，画像砖艺术因而衰落，迄今还没有在西安一带发现东汉的画像砖，而河南地区的东汉画像砖艺术，则有了新的发展。同时，东汉的画像砖艺术，扩展到那些经济逐步发展起来的新的区域，在西南和江南等地区，都可以寻到东汉时期画像砖的身影，并且各具特色，逐渐形成鲜明的地方风格。因此，我们大致可以把东汉的画像砖艺术分成中原（主要是河南地区）、西南（主要是四川地区）和江南三个艺术风格有所不同的区域。中原地区

图一〇　河南新野出土汉代泗水捞鼎图画像砖（拓片）

的东汉画像砖，沿袭西汉空心画像砖的传统手法的痕迹较为明显，
而且空心砖的形式在东汉早期也有所遗留，还有少量出土，但画
面已摆脱用小印模捺印的做法，而是一砖一模，构图完整，形象
生动。在新野出土的东汉早期空心画像砖，形体一般较西汉的空
心砖为小，烧制的火候也较低，画面是用一个整印模捺印而成，
印模为阴纹且较深，因此砖上的画像凸出砖面达 0.5～1 厘米高，
具有浮雕趣味。至于图像的内容，颇为复杂，并且具有一定的故
事情节。其中一类是泗水取鼎故事（图一〇、一一），桥上有车骑经过，
左右各有三个赤膊的力士合力拽索，索上悬有一个大鼎，桥下还
有两艘小船和许多游鱼，桥侧又有表演百戏的场面，从题材到表
现手法都与东汉画像石中的泗水取鼎图像极为相似。此外，空心
砖上还有兽斗、交龙等题材的图像。东汉空心砖中艺术造诣最高
的作品，可以认为是在邓县发现的的一块，画面以三人搏斗为主，
并有二龙二凤列于上端和左右两侧。搏斗的三人中，居中是一位
身披铠甲的武士，腰佩长剑，左右各有一人与他相斗，右边的带
剑，手持钺斧，左边的原持有刀，但已被击而脱手，人物的体态

图——　河南新野樊集汉画像砖上的泗水捞鼎图（拓片）

形象生动，动感极强，确为东汉画像砖中仅见的佳作。代表这时期特征的是画面呈方形或矩形的实心的画像砖，内容多神仙、羽人、神兽及舞乐、百戏、宴享，也有武士用脚蹬弩张机的"蹶张"图。人物的动态感较强，轮廓鲜明，但细部刻画不足，作风粗犷古朴，近于南阳汉画像石的特征。西南地区的画像砖，集中出土于四川境内的东汉墓葬中，它们是在东汉才开始在这一地区流行，对当地来讲是一种创新的艺术品，因此可以较多地摆脱正统的中原地区西汉空心画像砖的固有程式，不论是题材还是技法都有新的创造，这在本文开头时已有所叙述。简言之，四川汉画像砖可以说是一幅幅风格清新的古代风俗图。在技法方面，和中原地区粗犷雄劲的作风不同，而是慎密细致，更富于写实性，画面多为方形，构图灵活多样，在艺术造诣方面超出中原地区，是东汉画像砖中最优秀的作品（图一二）。江南地区的画像砖作品，发现得最少，可以用来举例的只有在江苏省高淳县东汉晚期墓中出土的画像砖。画像是模印在一般的砖面或砖侧面上，也有模印在楔形

图一二　四川成都东汉画像砖上的授经图像（拓片）

砖的侧面的，不是特制的较大的方形砖，更不是空心砖，这与中原和西南等地区的画像砖不同。画像均为阴纹印模所印制，但有的人物凸出呈浮雕状，也有的是线条凸起，更具线描画的效果。不同的画面共有 11 种，包括青龙、白虎、羽人及羽人戏虎等神仙神兽，以及车马出行、乐舞等生活题材，还有的是一些人物故事画，有一种上还有文字，但皆反书而且不够清晰，难以全部辨认清楚。这批画像砖制工不够精美，图像不甚清晰，风格浑朴古拙，艺术造诣远逊于四川的作品，但是它具有特殊的重要性。首先是表明画像砖艺术在东汉晚期已扩及江南，除江苏外，在江西的一些东汉墓中也有一些砖侧带有画像的墓砖，但技法过于拙稚，构图颇为简单，内容也较贫乏，无法与高淳的相比。其次是其影响之深远，是中原和四川地区的画像砖艺术无法与之相比的。因为在中原地区，魏晋时期至五胡十六国，画像砖艺术由衰微至于绝迹。四川地区也相类似，画像砖艺术怒放于东汉，三国以后就枯萎无存了。当画像砖艺术的星辉在中原和西南相继陨落之时，却在江南升起了新的画像砖艺术之星。东汉晚期的画像砖艺术在江南出现以后，到六朝时有了新的变化和发展，从高淳汉墓的一砖为一完整画面，到东晋时发展为用多块砖拼合砌成的模印砖画，以后盛行于南朝时期，取得了比普通画像砖更动人的艺术效果。

拼砌的模印砖画，最早发现于南京万寿村附近的东晋永和四年 (348 年) 墓中，共有两幅，一幅是由 2 块砖的侧面拼合的龙，上有榜题"龙"字；另一幅是由 3 块砖的端面拼合成的，画面正中是一头蹲坐状的猛虎，昂首左顾，似欲张口狂啸，线条简练而劲健，画的四角各有一隶书题字，铭为"虎啸丘山"（图一三）。它是按事先勾勒的粉本，分制成模，再模印在砖坯上，入窑焙烧后，再依次拼砌成完整的画面而嵌在墙壁上，因此可以

图一三　江苏南京万寿村东晋永和四年墓"虎啸丘山"拼镶砖画（拓片）

图一四　江苏南京西善桥墓"竹林七贤和荣启期"拼镶砖画(拓片)

称为"拼镶砖画"。它打破了原来一块砖面上模印一幅完整画面的陈规，因此不必加大砖的面积(而无限增大砖的面积在工艺上是不可能办到的)，可以用增加砖的数目的做法，把画面扩大，常能使画面的长度超过 2 米，这对普通的画像砖(包括大型的空心砖)是根本无法达到的长度。东晋末年至南朝初年，在南京地区的墓室内已经可以看到这样大幅的拼镶砖画了。南京西善桥的一座六朝砖墓中，在南北两壁上对称嵌砌着两幅巨大的拼镶砖画，每幅画面都接近于 2 平方米，题材是"竹林七贤"和荣启期八人画像，一边是王戎、山涛、阮籍、嵇康，另一边是向秀、刘灵（伶）、阮咸、荣启期。人物形象生动传神，线条劲健流畅，确能反映出六朝绘画艺术的真实风貌（**图一四**）。在这一重要的发现以后，又陆续在南京和丹阳的南朝墓中发现了多幅拼镶砖画，仅大型的"七贤"和荣启期拼镶砖画就又发现两处，艺术造型都可与西善桥的相媲美。此外还有日、月、龙、虎、狮子（**图一五**），以及披铠武士、甲骑具装、执戟仪卫、鼓吹乐队等多种题材，一般都是由几十块

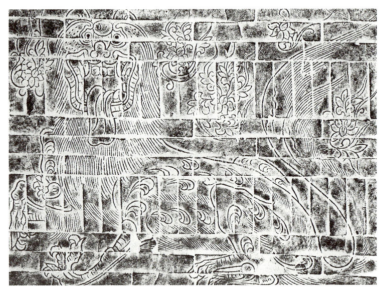

图一五 江苏丹阳金家村南朝
墓狮子砖画（拓片）

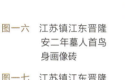

图一六　江苏镇江东晋隆
　　　　安二年墓人首鸟
　　　　身画像砖

图一七　江苏镇江东晋隆
　　　　安二年墓兽首人
　　　　身画像砖

砖乃至上百块砖组成，为了拼砌时不致错位，砖侧常有画名、位置编号等铭记。据考证，丹阳的几座嵌砌拼镶砖画的大墓，都是南朝诸代的帝陵或王陵，可知这种造工精细的大型拼镶砖画大约只是帝王勋贵才能享用的高级艺术品。不过那些由三五块或七八块砖拼成的小幅砖画，可能就较为普及了，分布的范围也超出首都建康（今南京）附近地区。例如，江苏常州戚家村发现的一座六朝晚期砖墓中，就有由 7 块砖拼成的青龙、4 块砖拼成的神兽和飞天、3 块砖拼成的朱雀等小型砖画，构图也颇生动，并具有浮雕效果。

图一八　河南邓县南朝出土
千秋万岁画像砖

　　除了拼镶砖画外，一砖一画的画像砖在南朝也仍然流行。东晋的画像砖，可举江苏镇江东晋隆安二年（398年）的画像砖为代表，题材有"四神""千秋万岁"以及被除不祥的神怪图像（**图一六、一七**）等，它们在技法上的特点是图像凸出砖面，呈浮雕状。以后到南朝时，画像砖的构图风格转向纤巧繁缛，同时不少具有佛教色彩的图像开始出现，例如飞天以及由莲花、荷叶和忍冬组成的各种图案，更富于装饰趣味。同时人物的形象也更生动传神，常州戚家村的画像砖中的一些侍女和仆僮的形象，就是很突出的例子。至于构图的变化和题材的多样，则推邓县的画像砖，砖上并施涂各种色彩，更加华美多姿（**图一八**）。同时，画像砖艺术还向东南沿海的更广大的区域扩展，福建、广西等地都有发现。福建闽侯的画像砖墓，大约是画像砖艺术扩展到东南的最远的例子，大多是把画像模印在砖的长侧面，也有印于端面或由两块砖拼成一幅的，题材除青龙、白虎、翔鹤、翼鱼等以外，多是与佛教有关的图像，如飞天、僧人、宝炉、狮子和各种忍冬、莲花组成的图案，纹样繁多，线条流畅，构图简练而富于变化，动感极强，显示了与江苏一带的画像砖颇为不同的独特风格。

早已在中原和西南丧失光彩的画像砖艺术，又在江南闪烁了两个多世纪，终于也转向衰微，随着南朝政权的结束而丧失了光彩，只有在江南的一些隋代墓葬里还遗留着一些残迹。在湖北和安徽的隋墓内存有少量的画像砖，内容有"四神"和少量侍臣等形象，但艺术水平已显著下降，形体呆滞，无复六朝画像砖艺术高峰时的光彩。晚到唐代，画像砖仅是偶有发现，再也不是具有时代特征的艺术了。敦煌出土的牵驼图像的画像砖，可以说是罕见的唐代画像砖艺术品。

从秦到唐，长达 9 个世纪，画像砖艺术从产生、发展、兴旺到衰微，在中国美术史的长空中划出了一道光辉的轨迹。但是它的影响似乎到宋、辽、金时期还可以看到，那时期墓中的砖雕的构图和艺术风格，还应当是受到画像砖艺术的间接影响。宋墓的砖雕中，以河南白沙、酒流沟发现的杂剧等砖雕艺术水平最高，人物姿态生动，性格鲜明，确可用"栩栩如生"一词加以形容（图一九、二〇）。而最富生活情趣的作品，则属宁夏泾源宋墓的出土品，特别是表现碓米、推磨的画面。以推磨图为例，左边推磨的是一

图一九　河南偃师酒流沟宋墓出土杂剧砖雕（拓片）

图二〇　河南偃师酒流沟宋墓出土厨娘砖雕（拓片）

位长裙妇人，右边则是一个光腚的赤体童子，他高举双手仅及磨柄，但仍奋力帮助他的母亲劳动，画面生动而富有哲理，发人深省。至于由几块砖拼合成一幅画面的砖雕作品，则以河南武陟县小董公社金墓中的两幅最佳，各由 4 块砖拼嵌而成，表现庭园和宴饮的场景，它似乎显露出与六朝拼镶砖画相似的艺术效果。

（原载香港《美术家》第 53 期，1986 年 12 月）

汉玉新风

　　1992 年故宫博物院在永寿宫举办了一个"中国文物精华展览"，所展出的汉代玉器数量不多，但皆精品。其中最引人注目的当属广州南越王墓出土的承盘高足玉杯和玉盒，与河北定县东汉中山王墓（可能是中山穆王刘畅的陵墓）出土的透雕玉座屏和玉璧。

　　广州市象岗山南越王墓，据出土玺印等判断，墓主是南越国文帝赵眜，也就是南越国第二代王赵胡。他大约死于汉武帝元朔末或元狩初，推测在公元前 122 年左右。墓中出土的大量玉器，与全国各地出土的汉代玉器无大区别，仅在造型细部显现出标新立异的风格，应是在中原内地的影响之下，由南越宫廷中玉雕作坊所制作。至于玉料，经鉴定有的产地可能在今广东曲江一带。因此，南越王墓出土玉器，对于探讨汉玉风格的转变，无疑是一组极为重要的实物标本。

在南越王墓出土的玉器中，数量最多的可能是璧，仅在主棺室就放置多达 47 件。这些与葬殓有关的玉璧，都作传统的圆孔平圆形状。墓内发现的另一些玉璧雕饰精美，周缘之外另加一组或几组透雕动物纹，都作佩饰之用，有的与玉璜等合缀为"组玉佩"（图一）。似乎墓中出土的玉璧，都不具有礼天的礼玉的功能。至于"礼玉"中具有神秘色彩的玉琮，在墓里找不到它的踪影。而南越王墓中最具特色的玉雕，还应是这次展出的承盘高足玉杯和玉盒，以及用整块青玉雕成的角形玉杯（图二），它们都是首次被发现的新颖的器型。

承盘高足玉杯确是一件古代工艺珍品，制作特别具匠心。玉杯的杯体和高足分别由两块青玉雕成，以小竹条上下插联。下面的承盘为铜质，下有三足。盘上由边沿伸出三条金首银身的龙，张口向内，共衔住一个三瓣形状的玉环托，玉杯就套置在环托之中（图三）。这种器形独特、制工精美的铜盘玉杯，原来用丝绢包裹，放置于南越王棺椁的头端。承孙机同志见告，应为当时人为求长生的"承露盘"。据《三辅黄图》，汉武帝在建章宫造神明台，上置铜仙人，"舒掌捧铜盘玉杯，以承云表之露，以露和玉屑服之，以求仙道"。

玉盒也是一件极精致的玉雕工艺品，盖顶心有桥形纽，内套绞索纹圆环（图四）。不仅盒盖和盒体外表雕饰勾连雷纹、变体云纹等纹饰，揭起盒盖，可以看到盖内壁上还用单线勾勒刻出圆形装饰图案，由环转反顾的两只高冠凤鸟所组成。盖上还有破损后

图一　广州西汉南越王墓出土龙凤
　　　纹重环玉佩

图二　西汉南越王墓出土角形玉杯

157

图三　西汉南越王墓出
　　　土承盘高足玉杯

图四　西汉南越王墓出
　　　土玉盒

图五　河北定县 43 号东
汉墓出土玉座屏

修补的痕迹，表明是长久使用的实用器皿。出土时与玉角杯和铜
框玉盖杯等相邻放置，可能是一组南越王生前使用的玉雕器皿。

　　西汉初南越王墓内放置的铜盘玉杯——承露盘，与求仙的思
想有关。无独有偶，展览中展出的东汉透雕玉座屏，也是与神仙
思想有关的工艺美术佳作。这件高 15.6 厘米的玉屏，由 4 件玉片
组成，两侧是两个支架，其间上下各插接一块透雕玉屏板，上边
一块雕出东王公的坐像，下面一块雕出西王母坐像，东王公和西
王母身旁还雕有侍者、日、月和各种神兽（图五）。1969 年出土
于河北定县北陵头汉墓，可惜墓盗扰严重，玉座屏散乱地发现在
西后室内，原来放置位置已不清楚，目前也还不清楚其用途。这
件别致的小型座屏，正以其独特的造型特征，显示着早已突破先

图六　河北定县 43 号东汉
墓出土青玉璧（拓片）

秦礼玉藩篱的汉代玉雕新风貌。

　　与透雕玉座屏同墓出土的青玉璧，雕工更加精美，璧的上缘
附雕双龙衔环纹，镂空的环孔颇大，正好用为挂系玉璧的穿孔。
在璧的左右两侧，又对称附雕一向上行进的龙纹。在玉璧圆形外
轮廓上附雕的三组纹饰，均衡对称，使全璧造型更富装饰趣味，
成为构图精巧的佩饰（图六）。

　　在这一次的文物精华展中，还陈列有另一件雕工同样精美的
东汉玉璧，系 1982 年出土于山东青州。在玉璧上缘雕出的双龙
纹之间，刻出隶书"宜子孙"铭文。它又使人联想起 1984 年在
江苏邗江县甘泉老虎墩东汉墓发现的另一件玉璧，刻有同样的"宜

图七　江苏邗江老虎墩东汉墓出土"宜子孙"玉璧（拓片）

子孙"铭文，由于形体较小，所以铭刻的位置稍有不同，"宜"字刻在璧上缘附雕的凤鸟纹之下，而"子""孙"二字却雕于璧上，在圆孔的上下各雕一字（图七）。据考证，老虎墩汉墓可能是东汉某一代广陵侯或其重臣的坟墓（见《文物》1991年第10期）。在玉璧上雕"宜子孙"吉语铭刻，更雄辩地表明它们与礼仪使用的祭天玉器无涉，只是具有装饰佩悬的性能，也都是显示汉玉新风的典型作品。

（原载香港《文汇报》1992年2月24日）

"画鱼捕獭"和三国漆画

　　《历代名画记》卷四记述三国曹魏时善画的人物共四位，其中有徐邈，说他性嗜酒，善画。《历代名画记》引《续齐谐记》中有一则他绘画极为精妙的故事。据说魏明帝游洛水时，见到有白獭，非常喜爱，但无法捕获。当时徐邈出了个主意，说獭喜欢吃"鲳鱼"，它看到这种鱼连性命都会不顾。因此他在板上画了鲳鱼悬挂在岸边。群獭看到，以为是真鱼，都赶来吃，就被捉住了，魏明帝大为赞叹，说："卿画何其神也！"

　　画鱼能引獭，其源在于徐邈画艺高超。那么三国时绘画的写生水平真能那样高超吗？徐邈所画的鱼，真能那样逼真如生吗？过去颇令人难以置信。直到 1984 年，看到从当时孙吴右军师左大司马当阳侯朱然墓中出土的漆画，人们才对三国时的绘画水平有了真正的认识。

　　朱然墓坐落在安徽省马鞍山市，虽曾遭盗扰，发掘时仍有许多劫余的珍贵文物出土，特别是其中的一批精美的漆器，种类繁多，盘、案、耳杯、盒、壶、樽、奁、榻、凭几等日用器物应有尽有，有的漆器上有"蜀郡作牢"的铭记，表明了这些漆器的产

图一　安徽马鞍山东吴朱然墓出土彩绘漆案

地。蜀郡即今成都地区，自汉代以来制漆手工业极为发达，曾设
有专门为宫廷制作精美漆器的工官。三国时期蜀地在刘备所建汉
（蜀汉）的版图之内，蜀郡漆工生产仍繁盛不衰。朱然墓出土漆器，
正是当时蜀汉的产品。孙吴墓中出土大量精美的蜀汉漆器，自然
是反映了当时吴蜀之间关系的密切。它们有可能是吴蜀保持联盟
关系时的赠品或贸易往来的商品，但也不能排除它们是战争中获
得的战利品。因为墓内所葬的孙吴名将朱然，生前曾参与了吴蜀

163

图二　朱然墓出土"季札挂
　　　剑"故事画漆盘

之间两次重大的战争，而两次都是以吴胜蜀败而结束的。第一次
是吴蜀争夺荆州的战争，在那次战争中朱然曾与潘璋一起，在临
沮生擒蜀军主将关羽，因而功迁昭武将军，封为西安乡侯。第二
次是在刘备倾全蜀兵力侵吴时，他又配合陆逊大破蜀军，因而拜
征北将军，封永安侯。因此，朱然所拥有的蜀国精美漆器，不一
定是友谊的象征或和平贸易的见证，它们是吴蜀干戈相见时的掳
获品也未可知。

　　在出土的漆案、盘、槅等器物上都绘有彩色漆画，其中的漆
案画面纵 56.5 厘米，横 82 厘米，是场面盛大的宫闱宴乐图（**图一**）。
漆盘上常画有历史人物故事画，如"季札挂剑"（**图二**）、"百里
奚会故妻""伯榆悲亲"等，人物形象生动，构图富于变化。在
有关中国美术史的实物资料中，三国时期是极为贫乏的，特别是
绘画作品几乎是一片空白，只能据少量文献记载铺衍推测。这次

图三　朱然墓出土"童子对
　　　舞棒"故事画漆盘

朱然墓出土的精美蜀郡漆画，特别是其中的人物画，确是极可贵
的资料，可以说是部分地弥补了历史遗留的空白。除历史人物画
外，漆画中还有许多更富生活情趣的画面，如在一面漆盘的盘心
画有二童子相对舞棒（图三），构图丰满而生动，人物刻画传神，
特别加大了头部比例以符合童子的形体特征，丰腴的四肢也符合
儿童幼嫩的体形，活画出两个稚气十足的活泼的童子，令人喜爱。
装饰漆盘外缘的游鱼，也画得灵动而写实。那些鱼看来描绘的都
是可以食用的品种，姿态生动，特征明显，可以辨识出鲤鱼、鳜
鱼等品种，看来工匠技艺并不逊于画鱼引獭的名画家徐邈。

　　朱然墓出土的珍贵漆画文物，清楚地表明三国时期绘画的写
生水平，比汉代有了较大的提高，可以为有关徐邈画鱼技艺那样
高超的可靠性，提供有力的旁证。

（原载《中国文物报》1990年10月4日）

亥年话猪

　　20 世纪 80 年代中期，内蒙古敖汉旗小山遗址出土一件夹砂磨光褐陶尊形器，肩腹部饰有压划精致的动物形纹，引人注意的是刻画的并非自然界动物的原形，而是具有神异色彩的由多种动物体征结合而成的图像。其中之一的头部形貌为野猪，突嘴，长鼻，上弯的獠牙呲于口外，凶悍威猛，但是躯体却呈龙蛇形状，修长蜷曲（图一）。这图像无疑是当时人们心目中的神怪，反映着一种原始信仰。

图一　内蒙古敖汉旗小山遗址出土陶尊纹饰展开图

据碳十四测定年代，小山遗址距今 6100 年左右，因此这猪首龙蛇躯体的神怪，当是目前所知龙蛇状身躯神怪年代最早的一例，也表明那时原始人群对猪形神灵是至为崇敬的，或许是因为野猪生性刚猛，遇敌勇斗，可以借此激励原始民族中武士的勇猛战斗精神。迟至南朝刘宋时，袁淑还曾赞誉猪"俯喷沫则成雾，仰奋鬣则生风。猛毒必噬，有敌必攻"。古波斯人曾视精悍的猪为军神的化身之一，虽然时代不同、民族各异，当出于同样的原因。在我国边疆古代少数民族的文物中，也不乏野猪与虎豹等猛兽搏斗题材的作品。例如，1979 年内蒙古准格尔旗西沟畔 2 号墓出土长方形金带扣，其上有"故寺豕虎三"等铭刻，图像为一猛虎与一野猪翻滚搏噬，胜负难分，生动传神（图二）。又如云南出土的古滇族文物中，也常见虎豹搏噬野猪题材的镂雕铜饰牌，且多呈双虎双豹共斗一野猪（图三）。石寨山 M10 出土的一件最为生动，一豹被猪踏于蹄下，另一豹伏于猪背噬咬，那猪瞪目张口，奋战强敌，颇显威猛。此外也有些滇人铜饰牌，表现了人猪相搏和骑士猎野猪的情景。

野猪虽然威猛凶悍，但它终与有尖齿和爪的食肉猛兽不同，以杂食为生，平时习性较平和，非遭敌冒犯并不火暴凶残，且体硕肉丰，肥美可食。正所谓"体肥腯而洪茂，长无心以游逸"（见袁淑《俳谐集》）。因此除成为原始人类捕食的对象外，又有进行人工驯化畜养的可能。至少在新石器时代，驯化畜养野

图二　内蒙古准格尔旗西沟畔出
　　　土虎噬猪金带饰

图三　云南晋宁石寨山滇人墓出
　　　土青铜豹猪相搏牌饰

猪，使其改变为家猪的进程已经颇为顺利地进行着。至迟在距今7000～5000年的仰韶文化时期，猪已经是黄土地带的原始居民饲养的家畜。向上追溯，在更早的磁山、裴李岗文化的遗址里，就已发现猪的遗骸，那大约是距今7500～6800年。此后到大汶口文化和龙山文化的许多遗址里，猪的遗骨的数量日渐增多，还有不少模拟猪造型的艺术品，最生动的可算是山东胶县三里河遗址出土的猪形陶鬶（图四）。在江南的新石器时代遗址，如余姚河姆渡遗址以及其后的马家浜文化、良渚文化和长江中游的大溪文化、屈家岭文化等遗存中，都有家猪的遗骨出土。有的遗址中还有陶塑的家猪模型出土，特别是河姆渡遗址出土的陶猪长嘴硕腹，以古朴的手法再现了早期家猪的形貌（图五）。陶钵上也有猪纹（图六）。史前遗址出土的猪遗骸所显示的特征，还与后世的家猪有所区别。以大汶口文化为例，当时墓中随葬猪头、猪蹄乃至半只猪体已成为时尚，借以表现死者生前拥有的财富，也表明养猪业已具相当规模，但仔细观察出土的猪头骨，仍可看出虽与野猪有一定的差别，但比起以后的家猪，还只能称为原始家猪。

殷商时期，猪的驯养和饲育技术进一步提高，甲骨文已有一猪形在圈之中，表现的是将猪畜养在栏圈之中。圈养比放牧进了一步，意味着使猪彻底脱离野生状态，被限制在人工造成的环境内，这样经过若干代以后，猪的运动器官机能会受到影响，警觉性会降低，野性消退，日趋温顺，又因限制其活动空间，整日饱

图四　山东胶县三里河遗址
　　　出土陶猪鬶

图五　浙江余姚河姆渡遗址
　　　出土陶猪

图六　浙江余姚河姆渡遗址
　　　出土黑陶猪纹钵

图七　湖南湘潭出土商代
　　　青铜豕尊

图八　山西西周晋侯墓地
　　　出土青铜豕尊

食酣卧，体态也更趋肥胖多肉。猪肉除供食用，也供祭祀，河南
安阳殷墟武官村北地发现的祭祀坑中，有的坑内以整猪为祭品，
发掘时猪骨架保存完整。当然捕猎野猪仍是狩猎的重要内容，青
铜造型艺术品也不乏野猪的形貌，如湖南湘潭出土的豕尊（图七）。

　　到了周代，猪被列为"六畜"之一，是人们主要的供肉食的家畜。《左传·昭公二十五年》记赵简子向子大叔（游吉）问礼，提及"为六畜、五牲、三牺，以奉五味"。杜注谓六畜为马、牛、羊、鸡、犬、豕，五牲为牛、羊、豕、犬、鸡，三牺为牛、羊、豕，而三牺用于祭天、地、宗庙，可见豕（即猪）在食用及祭祀中的位置（图八）。在考古发掘中，也不断发现许多王侯墓中的列鼎内残存着原放的祭品遗骸。例如湖北随县战国初期的曾侯乙墓，中室南部放置有曾侯乙铭的列鼎9件，其中6件中都有猪的遗骸，除1件只有猪外，其余均与鸡或羊两个品种共放于一鼎之中。同出的5件盖鼎中，有两件内存猪的骨骸。据鉴定，所放的有猪的右肩、左肩、右前肢、右后肢及部分背部、肋部，据所出3只右后肢，显系取自3头猪，都是半成体，体重应在25～40千克，估计3～4月龄。另外还在一件铜食具盒中发现两具完整的乳猪骨骸，其体重应在2.5～5千克，初生1个月左右。在荆门包山2号楚墓的随葬竹笥中所遗存的猪骨骸，经鉴定也都属于幼仔猪，可能是烹煮好以后分置于竹笥内，且几乎都与鸡共存。这是否表明楚地喜食幼猪亦未可知。

　　喜食乳猪的习惯在西汉时江南地区或仍流行，在广州象岗南越王墓的一件铜鼎中发现过乳猪距骨。长沙马王堆1号西汉墓出土竹简遣策所记食品，颇多猪肉制品，取材也有成年猪和幼仔猪之分，前者如豕酪羹、豕逢羹、豕炙等，后者如豚羹。这时养猪业有很大

图九　陕西咸阳西汉景帝阳陵丛葬坑出土陶猪

图一〇　河南汲县东汉墓出土陶厕与猪圈

173

图—— 山西太原北齐娄叡墓出土陶猪

发展，并注意培养良种猪，还有长于相猪的专家，如《史记·日者列传》所记"留长孺以相彘立名"。在汉墓中常常放置有陶猪模型，也正反映出当时养猪业之繁荣。其中时间较早的典型作品，可举陕西咸阳张家湾汉景帝阳陵从葬坑出土陶猪（图九），长嘴细目，硕腹低垂，乳头凸鼓，造型极为逼真。汉墓中除随葬陶猪模型以外，还常放置猪圈的模型，又多与厕所连成一体，反映出养猪积肥间的有机联系，1980年河南汲县东汉墓出土的灰陶猪圈是很好的例子，厕所后接方形猪圈，圈内一肥猪侧卧，硕腹垂乳，其旁还有一猪食槽，生动描绘出肥猪饱食后酣睡的情景（图一〇）。

六朝至隋唐，墓中随葬陶猪模型习俗久盛不衰，只是猪的造型有所变化。自北朝晚期到隋代，盛行将肥猪塑成侧卧状，并塑出成群小猪伏于雌猪体旁吃奶（图一一），更隐喻槽头兴旺、肥猪增殖之意。也是自隋代开始，流行在墓内随葬兽首人身的十二辰（十二时）俑，其中的"亥"俑，塑成袍服人躯，衣领中伸出长

图一二　陕西西安唐墓出土十二时俑中的亥猪

图一三　新疆阿斯塔那唐墓出土十二时俑中的亥猪

吻大耳的猪首，憨态可掬，颇具喜剧色彩（图一二、一三）。或许这一传统的艺术造型，对后世的小说家有所启发也未可知。联想起吴承恩的名著《西游记》中的猪八戒，不也正是猪首人身的形貌，性格憨呆，虽能出力劳作，但有时懒散贪吃好色，耍些总会被金猴一眼拆穿的小狡狯，是引人兴味的成功的小说人物，其形象后来广泛出现于各种民间工艺品如年画、剪纸、木雕、泥塑中，为广大民众所喜爱。

　　（本文写于1995年，后收入《逝去的风韵——杨泓谈文物》，中华书局，2007年）

一唱雄鸡天下白
——漫话有关鸡造型的文物

　　"鸡鸣将旦，为人起居"。在计时器尚不完善的中国古代，人们更习惯以雄鸡报晓的啼鸣作为一天的开始，因此曾引出不少动人的历史故事，也衍生出许多奇异的神话。在战国时期，秦国开启关门以鸡鸣为准。据《史记·孟尝君列传》，齐国的孟尝君拟逃离秦境，至关而天未明，不闻鸡啼，追兵已近。正在紧要关头，幸而随行的门客中有善学鸡鸣的人，他一学鸡鸣，引得群鸡尽鸣，守关人只凭鸡鸣就开关放行，孟尝君一行得以逃回齐国。类似的情节，在《燕丹子》中却将主人公说成是燕太子丹，"燕太子丹质于秦，逃归到关，丹为鸡鸣，遂得逃归"。与上述故事寓意不同，晋朝祖逖闻鸡起舞，常被用于比喻志士奋发之情。

　　至于由雄鸡报晓衍生出的神话，最值得注意的是有关"桃都"与"天鸡"的传说。据《太平御览》引《玄中记》："东南有桃都山，上有大树名曰桃都，枝相去三千里，上有天鸡，日初出照此木，天鸡即鸣，天下鸡皆随之鸣。"令人感兴趣的是在汉代文物中，可以看到桃都树的形貌。1969 年在河南省济源县泗涧沟的一座西汉晚期墓中，出土了一株釉陶树，全高近63厘米。树座及主干下部施黄釉，主干上部及枝叶则施绿釉。树座底设三足，造型稳定，座上浮出三个裸体人像。主干修直，挺立在树座上，侧旁横生九枝，枝端有上翘的花叶，并分别塑有飞鸟、猴子和蝉等。主干顶端塑一立鸡，头上鸡冠明显，长颈敛翅，挺胸傲立，似引颈欲鸣（图一）。对于这件釉陶树，郭沫若先生曾作考证，起初曾认定其为"古代传说中的扶桑"；后来又据《玄中记》，将该树定为"桃都"，傲立树端的正是世间众鸡随其朝鸣的"天鸡"（郭沫若：《出土文物二三事》，《文物》1972年第2期；郭沫若：《桃都、女娲、加陵》，《文物》1973年第1期）。

关于桃都树，神话中还有关于其下有二神的传说。据《玉烛宝典》引文，桃都树"下有二神，左名隆，右名窋。并执苇索伺不祥之鬼，得而杀之"。至于《太平御览》所引《括地图》中，所记桃都树文字大同小异，但二神的名字，改为"一名

图一　河南济源汉墓出土釉陶"桃都"树

177

郁，一名垒"。虽然神名有些差异，但都道出辟邪之神与桃都、天鸡的联系，鸡的形象，同样被用来辟除不祥。据《荆楚岁时记》："正月一日，三元之日，鸡鸣而起，先于庭中爆竹，贴画鸡，或斫镂五彩及鸡于户上。"

桃都和天鸡的神奇造型，在汉代出土文物中极罕见，与之相比，模拟家中畜养的家鸡的陶模型，则在汉墓中大量被发现。它们常常与猪、犬等家畜模型，以及井、灶等庖厨炊具模型放在一起，反映出鸡这种家禽作为"六畜"之一，与人们日常生活有着紧密的联系。回忆中国古代养鸡的历史，至少可以追溯到新石器时代。在北方的一些较早的新石器时代遗址，例如河北武安县磁山遗址、河南新郑裴李岗遗址等处，都有鸡的遗骸出土，表明家鸡在黄河流域驯化的年代，可以早到公元前6000年左右。这也是目前已知的国内外最早的养鸡的纪录。稍后在中原地区的仰韶文化和龙山文化的遗址中，大都有家鸡遗骸出土，表明家鸡的饲养日趋普遍。在江南的新石器时代遗存中，虽然少见鸡骨，但是出现有最早的表现家鸡体态的雕塑作品。湖北天门市石河镇邓家埫遗址出土的小型动物陶塑中，以鸡和犬的造型最为多见，形体虽小，但轮廓鲜明，突出了家鸡高冠短喙的特征，颇具神采（图二）。当时的雕塑技艺尚颇拙稚。

到了汉代，家鸡的造型日趋写实，肖形而生动（图三、四）。

墓中出土的家鸡模型以陶质为主，也常见木雕作品，不论是中原地区、西北地区还是广州一带，汉墓中都可以见到造型生动的家鸡模型。在广州汉墓中，以东汉后期墓中的陶鸡造型最为生动，虽然多呈伏卧姿态，但颇具生动的气韵。在河南、甘肃的一些汉墓中，还可以看到家鸡模型与鸡埘和鸡桀（栖鸡的木架）结合放置的例子，特别是甘肃武威磨嘴子汉墓中，多见在木制的鸡桀之上，伏卧着木雕的家鸡，刀法简练，木鸡仅具大轮廓，但颇肖形而生动，可算是汉代小型木雕的佳作（图五）。

除立体雕塑品外，在汉代画像砖和画像石上也可见到描绘家鸡的图像。最典型的作品，当属重庆市博物馆藏的一方残砖，该砖出土于德阳县黄浒镇蒋家坪，

图二　湖北天门石河出土新石器时代陶鸡

图三　陕西咸阳西汉景帝阳陵从葬坑出土陶雄鸡

图四　陕西咸阳西汉景帝阳陵从葬坑出土陶雌鸡

画面上方中央有栖在木架上的鹦鹉和两头鹅，在其下方左侧有一高冠长尾的雄鸡，挺胸翘尾，趾爪锐利，或许描绘的是专供搏戏的"斗鸡"（图六）。在时代更迟一些的甘肃嘉峪关魏晋墓的画砖中，更有许多描绘家鸡的生动画面。有的画砖绘出在打谷场上觅食的家鸡"家族"，雄鸡和雌鸡仅是在打谷人背后啄食散落的谷粒，而不谙世情的雏鸡，竟然攀到谷垛上去觅食（图七），画中绘出的这一鸡家族的情景，似乎隐喻着人间的世情。另外的画砖上还有描绘鸡群的画面，在一只趾高气扬的雄鸡引领下，成群的雌鸡随之行进。这些被畜养的家鸡，最终的命运是成为庄园主人盘中的佳肴，画砖中也有表现女侍杀鸡煺毛的场景，颇具生活情趣。

图六　四川出土汉画像砖雄
　　　鸡图像（拓片）
图七　甘肃嘉峪关魏晋墓砖
　　　画打谷场群鸡图像

　　六朝时期，江南的青瓷制作日趋繁盛，墓内随葬的家鸡模型随之改以青瓷制作，更常常制成鸡埘的模型，釉色莹碧，别具风趣。就在这一时期的青瓷器皿中，出现了一种选取雄鸡的鸡首作为主要装饰造型的瓷壶，通称"鸡首壶"（也被附会呼为"天鸡壶"）。时代较早的鸡首壶，形体较矮，装饰朴素，例如出土于南京象山东晋王氏墓的青瓷鸡首壶，短颈球腹，前伸的壶流塑成高冠的鸡首，

图八　江苏南京象山东晋王氏墓出土青瓷鸡首壶

图九　山西太原北齐娄叡墓出土黄釉鸡首壶

鸡嘴处开圆孔即为流口。后设朴素的壶鋬，由盘口弧下联接到壶肩之上（图八）。到南朝晚期，随着日用家具由低向高发展的趋势，青瓷器皿也逐渐改变器形，由矮胖到修长。鸡首壶的外貌，主要表现在壶腹由球状改为修长的变化。与之对应，北方的北朝墓葬中，也开始出现鸡首壶的身影。在河北磁县和山西太原等地的北齐墓中的鸡首壶，除了壶体修长外，一反六朝青瓷壶的朴素风格，装饰极为繁缛，有的鸡首制作逼真，但仅是装饰，有的连口都没有，另外在壶鋬上饰有螭首，以口衔住盘口的口沿。其中最华美的一件，当属出自太原北齐右丞相东安王娄叡墓的釉陶鸡首壶（图九）。这

图一〇　新疆阿斯塔那唐墓出土
陶十二时俑中的酉鸡

图一一　陕西唐章怀太子墓壁画侍
女抱雄鸡图像

种造型的鸡首壶，一直沿用到隋，西安发掘的北周宣帝杨皇后（入
隋称乐平公主）的外孙女李静训（又名李小孩，卒于 608 年）墓
中的青瓷鸡首壶，是其中小巧精致的作品，由于去掉多余的华饰，
显得更为典雅美观。

　　隋唐墓中，仍保持有随葬家鸡模型的习俗，质料以陶瓷为主，
有时采取群鸡造型，例如安徽合肥西郊隋开皇年间的墓中，出土
的家鸡是将雌雄双鸡塑在一起，都是昂头翘尾的姿态，雌鸡腹下
附有八只鸡雏。除了作为家禽的家鸡模型外，在唐墓中出现了另
一种以鸡造型的艺术品，就是十二时（又名十二辰俑）中的酉鸡

的形貌。这些十二时俑，都塑成兽首人身的造型，身着袍服，或坐或立，其中的酉鸡，都是塑出雄鸡的头像。昂首伸颈的雄鸡（图一〇），比同列的猴、兔、牛、羊等生肖，更显得傲然脱俗，与众不同。其中立姿的十二时俑中，以西安杨思勖墓出土的较为典型；坐姿的十二时俑中，以湖南唐墓中的陶瓷俑为典型，特别是湘阴唐墓中的出土品，造型颇显生动。

除此以外，在唐墓的壁画中，还可以看到雄鸡的形貌。值得注意的有唐章怀太子李贤墓甬道西壁的侍女壁画中，有一位黄衫绿裙的高髻侍女，怀抱一只高冠修尾的雄鸡，大约是用于斗鸡之用，也可说是一幅生动的风俗画（图一一）。

（原载《文物天地》1993 年第 1 期）

犬文物漫谈

　　在发掘河北省平山县战国中山王的陵墓时，曾于第二号车马坑以西又清理了一座坑（简报称为"杂殉坑"），在坑中发现两具完整的狗的骸骨，由它们安然侧卧的体态看，应是先杀死、后埋葬的，在狗的脖颈上，套有金银制作的华美项圈，显系猎犬，或许是中山王生前的爱犬，故死以后用以殉葬（图一）。由此令人想起《诗·秦风·驷鐵（tiě）》的诗句："游于北园，驷马既闲。輶（yóu）车鸾镳，载猃（xiǎn）歇骄。"这首诗描述了秦襄公田猎前调整车马之事，车上所载的猃与歇骄，都是猎犬。"长喙曰猃，短喙曰歇骄"，所以先用车载，应是发现猎物以前，保存猎犬的体力。上述考古

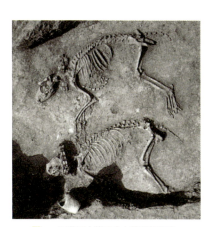

图一　河北平山战国中山墓随葬殉狗

发现与古诗诗文，表明周代贵族田猎时使用猎犬的实况。

古人养犬，并不只用于田猎，依其用途至少有三种。《礼记·少仪》："犬则执紲（xiè），守犬、田犬，则授摈者。既受，乃问犬名。"疏："犬有三种，一曰守犬，守御宅舍者也；二曰田犬，田猎所用也；三曰食犬，充君子庖厨庶羞用也。田犬、守犬有名，食犬无名。献田犬、守犬，则主人摈者既受之，乃问犬名。"正因为犬有以上三方面的实用价值，中国古代将其列入"六畜"之一。

据目前所知的考古资料，在河北武安磁山遗址和河南新郑裴李岗遗址的发掘中，都曾获得过家犬的遗骨，因此我国豢养家犬至少是距今 8000 ～ 7000 年左右的事。以后在北方和南方的新石器时代遗址中，都经常可以发现家犬的骸骨。同时有的遗址中还出土过模拟家犬形貌的史前陶塑，其中造型最逼真的应属山东胶县三里河遗址出土的黑陶兽形鬶（**图二**），塑出一条立姿、仰首、伸颈的黑犬，狗齿龇露，姿态生动。家犬陶塑出土数量最多的则属湖北石家河遗址，如邓家湾遗址出土的数千件小型动物形陶塑中，主要是犬和鸡的造型，虽然形体颇小，但塑得姿态生动多变（**图三**）。还有的陶犬背上蹲伏有小鸟，颇为有趣。值得注意的是在江苏邳县大墩子遗址出土的史前陶屋模型，在门侧外壁线刻有犬的图像，表明当时已经用犬守门。

到了汉代，畜狗之风更盛，汉墓中的随葬俑群中，经常可以看到家犬的身影。其中较早的西汉时陶犬塑像，可以陕西咸阳张家湾村北汉景帝阳陵俑坑出土的陶犬为代表（**图四**）。阳陵陶犬都

图二　山东胶县三里
　　　河新石器时代
　　　遗址出土黑陶
　　　兽形鬶

图三　湖北天门邓家
　　　湾新石器时代
　　　遗址出土陶狗

塑成立姿，稍嫌呆板，但犬头塑造精细，双目前视，耸耳闭口，
显得威猛而机警。陶犬还明显有雌雄之分，雌犬腹下塑出成排乳
头，长尾下垂；雄犬更显劲猛之势，有的尾卷于背上。此后，在
西北、华北、华南、西南等地区的汉墓中，常可在随葬俑群中看

图四　陕西咸阳汉景帝阳
陵俑坑出土陶犬

到家犬的形象。它们的姿态，也逐渐从较呆板的立姿改为姿态富
于变化，或立，或卧，或呈行走态势，因而造型更显生动。又由
于时间有早晚和地域有不同，因此使用的材质和具体特征都有差
异。概言之，北方的作品较写实，南方的作品较夸张。从材质看，
中原一带及四川、广东多用陶质，而西北的甘肃一带常用木质，
特别是武威汉墓中出土的木犬，刀法简练，削出形体的大轮廓，
再稍加彩绘，颇具粗犷浑厚之美。东汉陶犬中塑造得最逼真生动
的作品，首推 20 世纪 50 年代从河南辉县百泉一号墓出土的一件
（图五），体高仅 12.4 厘米，但塑工极为精细，伸尾挺胸，仰首张口，
全身呈前倾伸颈吠叫的态势，令人观后如闻其声。在河南郑州南
关汉墓出土的一组陶宅院模型的大门之内，放置有一条蹲卧姿态
的陶犬，自应是模拟着守御宅舍的守犬。在广州东汉前期墓葬出
土陶宅院模型的门旁，也有守门的陶犬。由此推之，汉墓随葬俑
群中的陶犬主要是模拟着现实生活中的守犬，所以许多陶犬的造

图五　河南辉县东汉
墓出土陶犬

型都尽力夸大犬的头部，再塑成张口瞪目、露出满口如刃利齿的凶像，藉以吓退敢于侵犯墓室的邪祟。至于汉代的田犬和食犬的形貌，则可以在画像石和画像砖中寻到，表现田猎的画像中，经常可以见到尖喙细足，善于追逐猎物的田犬（图六、七）。另一些庖厨画像中，又常见被宰杀待食的食犬。马王堆 1 号西汉墓东边厢下层盛放食物的竹笥中，就放有串以竹签的狗肉，现仅余竹签串的残骨，与羊、猪、鹿肉放在一起。在该墓遣策竹简中，也多见以犬肉制作的各种食品，如"狗羹一鼎""狗中羹一鼎""狗苦羹一鼎""犬其胠（胁）炙一器""犬肝炙一器""犬载（胾）一器"等，简文中用字，狗、犬有别，分别指幼犬和成年犬，"大者为犬，小者为狗"。

魏晋南北朝时期，墓葬中的随葬俑群中的家畜模型中，仍有陶犬，其姿态由立姿逐渐改为卧姿，例如河北磁县大冢营村东魏茹茹公主闾叱地连墓中数量庞大的随葬俑群中，有 3 条陶犬，是

图六　河南南阳出土东汉猛犬画像石（拓片）

图七　河南南阳英庄出土东汉骑射田猎画像石（拓片）

前肢前伸的卧姿，昂首而口微张，颇显机警之状。到隋代时，随葬陶犬有作子母犬合塑的，例如安徽合肥西郊杏花村隋墓的陶犬，就是一条雌犬伏卧在那里哺乳 6 只小犬，造型颇生动有趣。

唐墓随葬俑群中也有陶犬，姿态以蹲坐形状的居多，由于盛行三彩制品，因此又常见釉色鲜艳的三彩犬，虽然有时与真犬的毛色不同，但工艺精湛，更具工艺美术特色。除了单只的大约是守犬的模拟像以外，最令人感兴趣的是田犬的塑像，葬于神龙二年 (706 年) 的永泰公主李仙蕙墓出土的彩绘陶俑中，有不少是表现随公主出猎的骑马俑，这些骑俑有的臂上架鹰，有的鞍后携猎豹，另一些是携带着田犬（图八）。这些供狩猎的田犬，蹲坐在鞍

图八　唐永泰公主李仙蕙墓出土彩绘骑马带犬狩猎俑（局部）

后马尻上，骑士则塑成以手牵系犬索的生动姿态，或许是犬索原本用真的绳索制成，故现已朽毁无迹，但从人犬的姿态，仍似以无形的系索牵连一起，似更具艺术魅力。同时葬于神龙二年（706年）的章怀太子李贤墓中壁画，也绘有田猎的场景，在骑马猎手鞍后，也有蹲坐着田犬或猎豹的图像。这些文物表明，在唐代皇族出猎时，为了保持田犬追逐猎物的充沛体力，习惯先让犬乘息在马尻上，这与先秦时田猎、将犬载于车上的做法有异曲同工之妙，只是时代不同，贵族田猎由车改骑，所以载田犬的方式也得随时代潮流变迁，不能再墨守古俗了。

（原载《中国文物报》1994年2月6日）

天降仙猿

在中国古代文物中，常常可以看到生动传神的猿猴造型艺术品，这不仅因为它那似人的容貌，灵活的体态，滑稽的动作为人们所喜爱，还因为它是长寿的象征，《抱朴子》一书中就有所谓"猴寿八百岁"的记载。传说猿猴长寿而且面目似老人，加上长臂善于攀援，因此猿猴在中国古代传说中又被赋予更为神异的色彩。最脍炙人口的故事，当属《吴越春秋》中所记越女与袁公比剑之事，当对搏三击之后，袁公飞上树梢化白猿而去。这则故事流传后世，所以唐代名诗人李贺曾有"见买若耶溪水剑，明朝归去事猿公"的诗句。

目前所见时代最早的猿猴造型文物，是在湖北天门石家河遗址出土的新石器时代晚期小型泥塑，体高不过5厘米左右（**图一**），所以仅塑出形体的大轮廓，不作细部刻画，古拙而生动，在出土的各种鸟兽塑像中间，以猿猴最引人注目，它昂首挺身坐地，一副傲然的神态，表明石家河文化的原始艺术家，不仅掌握了猿猴的体质特征，而且达到初步追求传神的境界。

进入青铜时代，猿猴造型仍是人们喜爱的艺术形象，在青铜文物中可以寻到它的身影。山西闻喜出土的青铜刖人守囿挽车盖

图一　湖北天门石家河文
　　　化小型陶动物（中
　　　为陶猴）

图二　山西闻喜出土西周
　　　刖人守囿青铜挽
　　　车（盖上蹲猴）

上，有一只立体塑的蹲猴（图二）。

　　北京故宫博物院所藏战国时期青铜螭梁盉的盖纽，同样铸成
猿猴的形貌。以猿猴造型作为青铜器装饰的更为成功的例子，是
出土于战国时中山王陵的十五连盏灯，在托出灯盏的连枝上，塑
出许多猴子攀援其上，姿态各异，灯下还有两个赤膊男子，正给

群猴喂食，更显生动有趣（**图三**）。这一时期西南地区的古代民族的青铜文物中，也常有以猿猴造型为题材的艺术品。云南石寨山的一件圆形镶嵌饰牌，周缘是连续爬行的镂空猴子群像，显得灵活而有规律，富于韵律感（**图四**）。江川李家山的一件青铜臂甲上有各种动物刻纹，角落里有一只猿猴的图像，张臂露齿，颇为雄奇生动。青铜时代，利用猿猴的体态特征制作的实用美术品中，最成功的还是山东曲阜鲁国故城出土的银质猿形带钩，猿呈探身取物的姿式，一臂前伸，爪作钩状，用以作带钩，并在猿身上贴金，双目嵌有蓝色料珠，闪烁有神，华美异常（**图五**）。

以猿伸臂作钩的造型构思，在汉代文物中多有体现，且更为生动实用。河北满城西汉中

图三　河北平山战国中山王陵
　　　出土青铜十五连盏灯

图四　云南晋宁石寨山滇人墓
　　　M71出土青铜牌饰

图五　山东曲阜鲁国故城出土
　　　东周猿形银带钩

山靖王刘胜墓出土的青铜花形悬猿钩，是一件成功的作品，在倒垂的四瓣花朵的花芯处，倒悬一猿，它以右臂和右足上抓花芯，而伸长左臂下探，爪呈钩状，用以悬物，而且花芯和悬猿还可以随意转动，构思颇为奇巧（图六）。

　　但是汉代猿猴造型中艺术水平最高的，还属甘肃武威东汉墓中出土的一些木雕像，其刀法简练，形态多变，特别是直线和弧线的对比，更使雕像神韵十足（图七）。

　　至迟在汉代，猴子已与十二辰中的"申"联系在一起。王充《论衡·物势篇》中就说："申，猴也。"这就形成了至今还盛行的十二生肖，它们的图像后来经常出现在古代文物之中。最初的十二生肖都是写实的动物形象，稍

图六 河北满城西汉刘胜墓出土花形悬猿青铜钩　　图七 甘肃武威汉墓出土木猴

后在唐墓中放置的十二生肖俑，形貌上由写实转向富于浪漫色彩的拟人化造型，让这些动物像人那样站立着，并且穿上人类的袍服，只是从领口伸出的头是动物的形象，于是平时燥动不安的猴子，也只得肃立不动，颇觉得有些装模作样，带有几分滑稽的色彩。有些十二辰俑还塑成正襟端坐的姿态，那挺身正坐双手捧圭的猴子，似乎万分无奈的样子，更是引人发笑（图八）。

这种猴首人身的艺术造型，大约在唐末五代时期又出现在佛教石窟的壁画之中。在早期的石窟壁画中，猿猴的图像多出现于佛本生故事之中。例如新疆的克孜尔石窟，在菱形格排列的本生故事中，常见猴王本生，画出了许多形态生动的猴子，都是极为写实的图像。而在唐末五代时，猴子图像更富传奇色彩，它是随

图八　湖北武昌出土
　　　隋代青瓷猴俑

图九　甘肃榆林窟第3窟西夏壁画普贤菩萨经
　　　变中的猴行者图像

侍着到西方求经的圣僧出现的。唐朝三藏法师赴印度求法，由于这次远行路途险阻丛生，艰苦异常，富于传奇色彩，所以当时就流传许多神奇夸张的传闻，逐渐构成脍炙人口的传奇小说，还出现了随侍法师的杜撰人物猴行者。在相当于五代时修筑的甘肃安西榆林窟第3窟西夏时壁画，在普贤菩萨经变画中，左侧山石上有向菩萨行礼的法师。身后随有驮经的白马，白马侧旁画出一位合掌行礼的猴行者，这可算是时代较早的唐僧携带猴行者西天取经图（**图九**）。在安西县的东千佛洞中，也有好几幅绘有猴行者随侍唐僧的画像。这位猴首人身的猴行者，正是后来著名小说《西游记》中那神通广大的孙悟空的前身。

（原载香港《文汇报》1992年2月2日）

中国古代雕塑中的骏马

传说西周时穆王喜好远游，出行时驭八龙之骏，这八匹马名叫绝地、翻羽、奔霄、越影、逾辉、超光、腾雾和挟翼。至于这种神骏良马到底什么模样，过去是谁也说不出的，甚至唐代名画家阎立本也曾摹写过古之《八骏图》，把它们画成"逸状奇形，实亦龙之类也"的神异奇物。1956 年一次偶然的考古发现，才将西周时期骏马的真实面貌揭示在世人面前。那是一件高约 32.4 厘米的青铜驹尊（图一），是陕西郿县李村农民在取土时掘获的，伴同出土的还有方彝、尊等青铜器，根据器铭知道这组铜器属于一位名叫盠的贵族，铸造于西周中期（郭沫若将其"姑定为懿王时代"，参见《盠器铭考释》，《考古学报》1957 年第 2 期）。这件铜尊塑造的是匹四足直立的马驹，体矮颈粗，四肢较短而双耳较大，姿态稍觉呆板，外貌也似乎不够神骏。现代人看到它后的初步观感，常会认为它不似骏马，反近于骡，难以同想象中的西周时"八骏"那样的骏马联系在一起，也许因而产生这可能是由于铸造者的艺术水平低，故此无法创造出传神佳作的念头。通过近几年的考古发现，我们有

图一　陕西郿县李村出
土西周铜驹尊

机会观察数量较多的东周乃至秦马的雕塑品，才意识到前面的那种观感是并不准确的。在驹尊发现后 13 年，从洛阳的一座战国初期墓中获得了一件重达 1.5 千克的青铜马，它同样体矮腿短，形体的特点和驹尊一模一样。后来在著名的秦始皇陵侧的大型陶俑坑的发掘中，清理出了数量众多的陶马，仅在第 2 号俑坑的试掘中，就获得了 96 匹，估计该坑中共放有陶马 470 多匹，再加上第 1 号和第 3 号坑中的陶马，总数最少也达千匹以上。这些陶马都真实地模拟着当时的战马，体高约 1.5 米，有的是驾战车的辕马，有的是骑兵的坐骑，它们和无数真人大小的陶俑整齐地排列在一起，英武雄劲，构成一曲颂扬秦王朝威仪的颂歌。在这雄劲的旋律里同时也飘出丧乐的哀音，因为烧造这无数巨大的陶质人马模拟像，正和秦廷的其他暴政一样，不知要耗费掉多少人民的血汗。秦王朝的暴政引致天怒人怨，种下了秦王朝覆亡的基因。大量雄劲直立的陶马，清楚地显露出当时的马的形体特点，仍是体矮、头大而腿短，与西周驹尊和战国铜马的特点完全一致，从而可以推知秦始皇拥有的那些名马——追风、白兔、蹑景、奔电、飞翮、铜爵、晨凫，其外貌也正是这样的（图二）。现在我们回过来再看那匹西周的铜马驹，那矮体短腿的造型既然是反映当时马种的特征，自然不是什么艺术上的缺陷了。这匹马驹的前腿微向前曲，后足用力蹬地，挺胸耸耳，睁目闭口，活画出在跑动中突然受惊后，停下来警惕地张望的神情。它为什么受惊？是不是因为有人企图絷维它呢！这不禁使人联想起《诗经》中一首优美的恋诗："皎皎白驹，食我场苗。絷之维之，以永今朝。所谓伊人，于焉逍遥。"这是《小雅·白驹》，郭沫若的今译如下："小白马儿多么好，牧场上面吃嫩草。抓着它，拴着它，拴它一个大清早。好和我那人，一道去逍遥。"过去被认为是"大夫刺宣王"的这首诗，其实乃是"中春通淫"——行"执驹"之礼时的恋诗。在驹尊胸前那篇铭文中，有"王初执驹于岸"，记录了周王亲自参加"执驹"之礼的事实。关于"执驹"，郑玄曾做过解释："执犹拘也，中春通淫之时，驹弱，血气未定。为其乘匹伤之。"站在我们面前的这匹目光中闪现着稚气的马驹，平日不受羁绊地随着母亲嬉戏，今天忽见来人要抓住它，不胜惊诧，铸造驹尊的无名工匠正是抓住马驹这一刹那的神情，给后人留下了如此传神的古代造型艺术瑰宝。古人常说画狗马最难，画鬼魅最易，因为"夫犬马，人所知也，且暮罄于前，不可类之，故难。鬼魅无形者，不罄于前，

图二　秦始皇陵出土铜车辕马

故易之也"（《韩非子·外储说左上》）。因此西周无名工匠的这一艺术创作，更加令人赞叹了。

　　周秦以来古代中国畜养的马种，一直延续到西汉初年还没有变化，湖北云梦西汉墓中出土的木马，其形体仍和洛阳战国墓中的铜马极为相似。但是当汉武帝时与西域诸国的交往日益密切以后，引进了优良的西域马种，于是汉代的养马业就发生了极大的变化。先是得到乌孙好马，称为"天马"，后来获得更优良的大宛汗血马，于是改称乌孙马为"西极马"，又把大宛马称为"天马"。汉武帝为了取得大宛牧于贰师城的善马，不惜诉诸武力，由李广利统率的汉军两次攻入大宛，历时三年之久，最后大宛败降，汉军获得善马数十匹、中马以下牝牡 3000 余匹（《史记·大宛列传》）。这些良马输入汉境，对改良汉代的马种起了很大作用，为此太初四年在《郊祀歌》中增加了《天马》一章，"天马徕，从西极，涉流沙，九夷服"（《汉书·礼乐志》）。汉代马种的这一变化，同样反映在造型艺术方面。在谈论有关"天马"形象的雕塑品以前，先要提一下当时的"马式"，它是用青铜铸造的选择良马的标准。"天马"传入汉朝以后，当时善相马者东门京，根据最佳体态良马的具体尺寸，铸造成比例准确的铜马，汉武帝命令把它立在首都长安未央宫宦者署的鲁班门外，作为评选良马的标准，因此那座门也改称为"金马门"（《后汉书·马援传》）。到了东汉以后，名将马援也是一位善别名马的相马能手，他于建武二十年（44 年）利用从交阯俘获的铜鼓改铸成一匹铜马，高 3 尺 5 寸，围 4 尺 5 寸，献给皇帝，光武帝诏令"置于宣德殿下，以为名马式焉"（《后汉书·马援传》）。这些根据真马而按比例铸成的铜马式，本身虽然并不是艺术作品，但和今天艺术家使用的艺用动物解剖图一样，为当时的匠师创造关于马的造型艺术品时，提供了准确的依据。塑造引进"天马"良种后的骏马雕塑品，在各地发掘的两汉至魏晋墓葬中屡有出土，其中以陕西茂陵附近二座陪葬冢出土的鎏金铜马造型最为生动（**图三**）。1969 年从甘

图三　陕西茂陵无名冢出土西汉鎏金铜马

肃武威雷台墓中获得的一组青铜车马，是时代迟至魏晋的铜马中艺术造型最佳作品。雷台墓中共出土铜马 39 匹，有的用于驾车，有的用于骑乘，形体上具有相同的特征，匹匹都塑造得体态矫健、栩栩如生，头小而英俊，颈长而弯曲，胸围宽厚，躯干粗实，四肢修长，臀尻圆壮，显示出是一种乘挽兼用型的良马。它们虽然多作立姿处于静止状态，但却挺胸昂首，张口啮衔，全身充满压抑不住的活力，观后有怒马如龙之感，似乎只要御者或骑士将勒紧的缰绳稍一放松，即刻就会飞驰向前，一日千里。在众多铜马中，又以一匹足踏飞鸟的奔马最为突出，它高昂马首，头微左顾，马尾上昂，以少见的"对侧快步"的步法向前飞驰，三足腾空，仅

图四　甘肃武威雷台出土铜奔马

右后足踏住一只飞鸟（**图四**）。这飞鸟双目似鹰，体型似燕，但尾部又不同于燕，并没有剪刀状的分叉。据古动物学家研究，这鸟是一只生活在关陇一带的小型猛禽——燕隼。隼和鹰一样疾速迅猛，人们常用"迅如鹰隼"来形容快速，作者在这里塑造的隼的形象，正是想以它作为速度的化身。你看那只隼正展翅翱翔，突遭马蹄踏中背部，于是吃惊地回首反顾，想要看清那比它还快的庞然大物是谁。古代艺术家设计了如此引人入胜的意境，反衬出骏马的神速，真是千古佳作。同时他又巧妙地利用飞鸟双翅展开的稳定造型，作为整匹铜马着力的支点，使它靠着一支踏在鸟背上的后蹄稳稳地傲立在空间，也是别具匠心。除了雷台的铜马以外，东汉墓中发现的陶塑或木雕的骏马，也不乏传神的佳作，这里只各举一例，即是甘肃武威磨嘴子 49 号东汉墓出土的木马和四川成都天回山东汉墓出土的陶马（**图五**）。天回山的陶马是一件大型陶塑艺术品，体高达 114 厘米，姿态雄劲，它的头、颈、躯干和四肢无不肖似雷台铜马，说明当时不但优良的马种已普及全国，而且对骏马形象的塑造也形成了全国统一的艺术风格。

图五　四川成都天回山汉墓出土陶马

汉末政局的动乱，看来极大地影响了造型艺术的发展，到了西晋重新统一以后，从墓葬中获得的陶马造型呆板，体态笨拙，无复东汉时骏马那矫健神逸的造型，在洛阳、郑州等地出土的都是如此。仅有新疆吐鲁番阿斯塔那晋墓里出土的一件木马模型，由于别具特色，尚可一观。"八王之乱"结束了短暂的统一，从此北方进入五胡十六国纷争的局面，接下去鲜卑拓跋氏建立的北**魏**统一了北方，旋又分裂为东魏—北齐和西魏—北周，直到隋王朝建立后才又迎来了全国新的稳定和统一。在上述的近三个世纪中，金戈铁马，战争不断，各民族的无数铁骑交替地驰骋在中原大地上，正是"健儿须快马，快马须健儿"（《折杨柳歌辞》，《乐府诗集》卷二十五）的风云时代，当时甚至女孩子都可以"褰裙逐马如卷蓬"。

图六　河南洛阳北魏元邵墓出土陶马

剽悍雄健的战马，在战争中是人们最可依靠的忠实伙伴，于是表现骏马雄姿的雕塑品，又一次涌现在当时墓葬俑群中，一扫西晋陶马那呆鄙形象，重现如龙的风貌。河南洛阳北魏建义元年(528 年) 文恭王元邵墓中出土的那匹陶马，矫健有力，比之东汉陶马更富有现实感，所以气韵更为生动，表现出时代的风格(图六)。这时期的陶马在造型上还有一个共同特点，多是塑造得鞍辔鲜明马具华美，项下和尻后满饰各色垂饰和璎珞，鞍侧还常挂着色泽鲜艳的长大障泥。色彩艳丽、形态华美的马具与骏马健美的形体相结合，为这些雕塑品又增添了几分姿色。当我们把目光转向长江以南发现的六朝雕塑品，就产生了完全不同的观感。也许是由于传统的南船北马的习俗，南方的艺术家似乎对马的形体特征并不熟悉，在东吴墓中获得的瓷马模型，腿短体矮，比例不调，直到西晋时期依然如此，江西瑞昌西晋墓中出土的青瓷马就是很好的例证。这些体态比例不调的青瓷马，显得滑稽可笑，简直类似现代漫画中出现的形象。直到东晋时期，上述情况才有了扭转，南京象山东晋王氏家族墓中出土的陶马，已是形体准确、比例匀称，但是与北朝的作品相比，仍然缺乏生动的气韵。

　　接下去就到了中国古代文化艺术空前发达的隋唐盛世，描绘骏马的造型艺术品也达到了一个新的高峰。在绘画方面，许多名家精于画马，仅在大诗人杜甫的诗集中，就可以读到《天育骠骑歌》《题壁上韦偃画马歌》《丹青引——赠曹将军霸》《韦讽录事宅观曹将军画马图》等题画马的诗篇，诗人称颂这些画家的作品形神兼备，赞美所画骏马"是何意态雄且杰"，赞扬画家下笔如神，"戏拈秃笔扫骅骝，欻见骐驎出东壁"。"斯须九重真龙出，一洗万古凡马空"。在雕塑方面，昭陵六骏的巨型浮雕，更是著名的古代艺术珍品。至于立体圆雕，则主要还是依靠从唐代墓葬中获得的文物，主要是陶瓷制品，才使我们得以窥其风貌。1957 年 2 月，在西安西郊何家村西北发现一座出土许多精美三彩器的唐墓，它是开元十一年(723 年) 埋葬的右领军卫大将军鲜于廉 (字庭诲) 的坟墓。墓中随葬的 4 匹三彩马，身高都超过 0.5 米，色泽鲜明，体态雄健，制工精美，出土后立即吸引了考古界的注意。一年后，夏作铭师曾撰专文介绍该墓出土的几件精美的三彩陶俑，文中着重记述了那匹鞍披绿色障泥、鬃剪三花的白马 (图七)，指出"盛

图七 陕西西安唐鲜于庭
诲墓出土三彩马

图八 河南洛阳关林唐墓
出土三彩马

唐的马俑，就雕塑艺术而言，也同样显得特别优越，我们这一匹便是一个很好的例子"。"这马的头部微向左侧，避免呆板的对称，姿态生动，轮廓线很是流利活泼，表现出一匹英气勃勃的骏马"（夏鼐《考古学论文集》，科学出版，1961 年）。

同墓中出土的另一对颈部带有白斑纹的白蹄黄马，造型同样生动，长颈小头，体骨匀称，鬃剪一花，尾结成角状，络头、攀胸和鞦带上都装饰着漂亮的金花和杏叶。这两对三彩马，确实表明盛唐时骏马雕塑已经达到传神的境界。其实唐代骏马雕塑的这种艺术特色，从初唐时已经逐渐形成。比鲜于廉墓早近 1／4 世纪的懿德太子墓中，出土的三彩陶马的造型已极精美，同样是鬃剪三花鞍披障泥而头部微侧的造型，张口作嘶鸣状，但是体态与鲜于廉墓白马相比，显得过于圆腴，因此缺乏气韵，在艺术造诣方面略逊一筹，使人观后颇有"画肉不画骨"之感。比鲜于廉墓早约半世纪的唐辅国大将军虢国公张士贵墓中出土的陶马，还没有三彩釉，说明这种工艺当时尚未流行，其中有两对的尺寸较大，高近 0.5 米，每匹伴随着一位牵马的马夫，那些骏马似乎想尽力挣脱缰辔的羁绊，它们身躯微向后倾，提起右前蹄，颈微曲而俯首直视马夫，同时张口嘶鸣，异常生动。由于马体上附加的辔饰和鞍具早已朽毁，因此躯体的全貌清楚地展现在人们面前，在刚劲有力的外轮廓内，显现着锋棱有力的马骨，更觉坚劲神骏，使人忆起李长吉的马诗："此马非凡马，房星本是星。向前敲瘦骨，犹自带铜声。"更值得指出的是唐代的陶马，绝不只有上述几例精品，其艺术造诣普遍较高，或站立，或行走，或俯身觅食，或仰天嘶鸣，无不气韵生动，栩栩如生。同时不仅那些形体较大的作品，就是只有10余厘米高的小型陶马，其造型之美亦毫不逊色。再从烧制地域来看，不仅首都长安地区出土有造型生动的骏马雕塑，其他地区也出土有同样出色的作品，以三彩马为例，在河南洛阳、湖北武昌等地唐墓中都不断有精品出土。在洛阳唐墓中获得的三彩马，除了通常习见的黄彩等外，还有通体墨色的黑马，甚至在关林唐墓中还发现一匹通体施蓝彩的马，蓝色躯体上又间有乳白色斑纹，长鬃雪白，四蹄橙黄，釉色莹润，色彩鲜明（图八）。虽然在现实的自然界中看不到这种毛色的骏马，但是古代匠师如此大胆设色，突破常规，既写实又越超现实，使观众为其鲜明的色彩所吸引，得到特殊的艺术享受，实为罕见的古代艺术珍品。至于在盛产瓷器的南方，许多中原地区的陶质明器，那里改用瓷器，特别是湖南境内岳州窑的产品，不仅在湖南境内有出土，甚至远销到四川地区。在万县的唐墓里曾发现有一组青瓷俑群，其中有6匹瓷马，体高16～22厘米，造型较为别致。作者并不拘于马体各部分真实的比例关系，仅从传神角度着眼，塑造得虽不如那些三彩马英骏雄健，但四肢粗壮，体态丰满，长颈小头，亦颇传神，为唐代骏马雕塑的百花园中，增添了一株别具风格的异卉。

（写于1981年，后收入《逝去的风韵——杨泓谈文物》，原名《是何意态雄且杰——中国古代雕塑中的骏马》，中华书局，2007年）

骆驼艺术

平沙莽莽的大漠荒迹，万籁俱寂，突然一阵清脆的驼铃声冲破了戈壁滩那永恒的沉静，随着闪现出一列满载货物的骆驼的健伟身影，它们迈着稳重的步伐，把宽大的蹄迹叠印在平沙上。旧的蹄迹被戈壁的风吹平了，后继者新的蹄痕又印得更加清晰，标志着通向西方的古老的"丝路"。年复一年，这些茹苦耐劳的动物，身负重载，跋涉在"丝路"的大漠崇山之间，不分酷暑严寒，迎着风沙霜雪，默默地向前行进，把精美的中国丝绸等商品输往西方，又带回了那远方的特产……很难想象，如果没有这些"沙漠之舟"，人们如何能够使这条长达 7000 公里横贯亚洲的古代重要商路，延续畅通达 2000 年之久。凡是经历过这漫长而艰辛的途程的旅行家，都对这些耐劳负重的忠实旅伴难以忘怀，所以自丝路开通之后，古代的艺术家不断创作出以骆驼为题材的造型生动的艺术品。

一提起有关骆驼的中国古代艺术品，人们首先会想到那些釉色莹润、色彩鲜明、造型精美的唐三彩俑，特别是 1957 年在西安发掘唐玄宗开元年间右领军卫大将军鲜于廉（字庭诲）的墓葬时，所获得的那件著名的负载乐队的三彩骆驼俑（**图一**）。那匹骆驼通体白釉，在颈部上下和前腿上端生长毛处加涂黄釉，脸上加绘黑

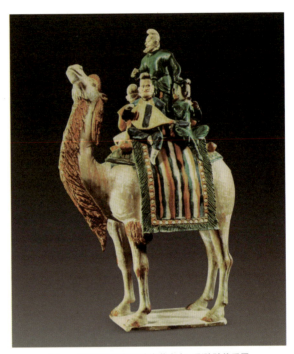

图一　陕西西安唐鲜于庭诲墓出土三彩骆驼载乐俑

色线条，眼角涂朱，衬托着黑色的眼睛。它那长而劲健的四肢牢牢地站立在方形的踏板上，背负着铺垂长毯的平台，上面坐有四人组成的乐队和一个表演舞蹈的绿衣胡人。它是这类题材的三彩陶俑的首次发现，当时夏作铭师曾经撰文介绍这件古代艺术瑰宝。但是有关塑造骆驼形象的中国古代艺术品开始出现的时期，远比这些精美的唐三彩俑要早上近千年，至少应该是上溯到丝路开始畅通的汉代。

在河南南阳汉画像石中描绘的各种动物里，就可以看到一头奔跑的骆驼的图像（**图二**）。看来生长在中原的古代石刻匠师，对于"沙漠之舟"的容貌是不熟悉的，所以把它的四肢刻画得和奔马的姿态相近，而且那有特色的驼蹄也被误成马蹄形状，连驼尾也像马尾一样飞扬起来。但是这些失误毕竟是次要的，背上耸起的双峰和高昂上曲的长颈，依然显示出骆驼最主要的体态特征。同时跨乘在双峰间的骑者，高

图二　河南南阳汉画像石中的骆驼图像

图三　四川新都东汉画像砖上的骆驼图像

鼻"胡"貌，同样具有特色。说明作者虽然对所描绘的对象不够熟悉，但还是尽量现实地进行创作，因而骆驼的形貌虽稍有失真之处，但整体的神态古朴而生动，至今气韵犹存。另有一幅汉代画像，在艺术造诣方面要胜于前者，那是一方东汉晚期的画像砖，出土于四川省新都县。在高 33.5 厘米、宽 41.5 厘米的砖面上，模印出一头由左向右行进的骆驼（**图三**），形象较南阳画像石逼真，在颈下和四腿上端都垂有长毛，双峰之间铺垂长毯，上面树立着一个建鼓，鼓

柱上端饰有羽葆，向两侧飘垂，前后驼峰上各坐一鼓手，双手挥桴，相对击鼓，姿态生动，可惜因为该砖已残碎，以致后峰上的鼓手现已残缺。这一作品揭示出早在汉代已有驼背上载乐之举，也可以说它是后世骆驼载乐的先声。

魏晋以后，北方虽然出现十六国的纷争局面，但是丝路上的驼铃声始终没有间断，这条东西贸易的通道还是继续维持着，时常也会受到战乱的干扰。符坚曾遣吕光大举进军西域，占有龟兹，当他回师东归时，载运战利品也是依靠着数量庞大的骆驼队，数达2万余头，对于中国佛教有很大影响的高僧鸠摩罗什，正是这次乘坐骆驼来到东土的（《晋书·吕光载记》）。北朝至隋时期的墓葬中，陶塑的骆驼已是随葬俑群中不可缺少的成分（**图四**）。这时的骆驼已经从汉画像那种拙稚的作风脱颖而出，塑造得颇为传神逼真。以洛阳北魏元邵墓的出土品为例，劲健的四肢，宽厚的驼蹄，曲颈昂首，颈下悬垂着长厚的驼毛，显得浑厚多力。它不像伴同出现的骏马，鞍辔鲜明，具有趾高气扬的风姿；也不像驾车的辕牛，遍体装饰着华美的流苏，只是默默地稳健地伫立着，身上没有华丽的装饰，背负的鞍架上满载着沉重的背囊，时刻准备负重上路，简直是稳重、谦逊、勤劳和力量的化身。

如果说北朝的陶塑骆驼虽然神似，但艺术造型还欠生动的话，那么到了唐代就蔚然改观了，这大约也是因为那时丝绸之路呈现了空前繁荣的缘故。我们前面已经描述过的载乐三彩骆驼，正是代表了当时骆驼造型的最高水平的作品。除了鲜于廉墓里出土的那

图四　河北湾漳北朝墓
　　　出土陶骆驼

一件以外，还曾获得有另一件同样精美的载乐三彩骆驼，是从西安西郊中堡村的唐墓中出土的，骆驼的姿态和釉色与前一件一样，只是躯体略矮一些，但是台上的舞乐的内容有所不同。鲜于廉墓中骆驼驮载的四人乐队中，有两个是深目高鼻的胡人，所演奏的乐器虽然只保留下一件琵琶，但其余三件可以推知应为筚篥和拍鼓，所以属于胡乐系统，居中应着乐拍起舞的也是一位多胡须的胡人。这也许是沿经"丝路"，乘着"沙漠之舟"东来的胡乐的一种。中堡村的这一件则不同，背上虽也铺垫着带蓝色边缘的圆毯，双峰上架平台，台上铺着两侧下垂的长毯，但上面那七位戴着幞头的乐工中并没有胡人，演奏的乐器分别是笙、箫、琵琶、箜篌、笛、排箫和拍板，姿态颇为生动，居中翩然起舞的则是一位妙龄女郎，丰颐高髻，因此显得更为妩媚多姿，与前一件各具情趣（**图五**）。

　　除了这类大型载乐三彩骆驼外，唐墓里还出土了数量众多的各式陶质或三彩的骆驼，它们也已摆脱了北朝那种默然伫立的较呆滞的造型，表现出各种不同的姿态，或者仰天嘶鸣，或者侧首旁顾，有的屈膝欲卧，有的伏卧将起，姿态自然，造型生动，显示了唐代的艺术风格。骆驼的形象除了出现在墓中的俑群中外，也出现在隋唐时期的其他造型艺术品或工艺品上。在敦煌莫高窟附近佛爷庙的唐墓中，出土有胡人牵驼图像的唐代画像砖，就是很好的例子。更引人注意的另一个例子，是 1964 年从新疆吐鲁番阿斯塔那墓群中发现的一件隋代织锦残片，在带有波斯萨珊意味的联珠纹圆环中间，有正、倒相对应的一组图案，表现的是一人牵驼前进，旁边还有汉字榜题"胡王"二字，也是正反相对织成的（**图六**）。猛然望去，下面倒置的图像正像是上面正立图像的倒影，不禁使人联想到行走在丝路上的骆驼商队，行经波光荡漾的罗布泊旁，人、驼的影像都倒映

图五　陕西西安中堡村唐墓出土三彩骆驼载乐俑

图六　新疆阿斯塔那出土
　　　隋代织锦残片

在水中的情景，意境深远。

在唐代这些栩栩如生的骆驼造型中，也可以找到一些与众迥异的作品。例如四川万县一座唐墓中出土的青瓷骆驼，据考证应是由湖南运入的岳州窑产品，大约又是由于江南的匠师不熟悉沙漠之舟的庐山真貌吧，所以塑造的骆驼，脖颈出奇的细长，头部又过于小，看去不成比例，似乎颇近于现代漫画形象的趣味，看来倒也别具一格。

（原载香港《美术家》第 27 期，1982 年）

有凤来仪

三国时曹魏名臣邓艾口吃,据《世说新语·言语》记载:"邓艾口吃,语称'艾艾'。晋文王戏之曰:'卿云艾艾,定是几艾?'对曰:'凤兮凤兮,故是一凤。'"邓艾回答时以凤自誉,谓是人中俊杰。《三国志·蜀书·庞统传》注引《襄阳记》讲述诸葛亮和庞统未仕时,当时襄阳名士庞德公说:"诸葛孔明为卧龙,庞士元为凤雏,司马德操为水镜。"均表明在三国时期,凤还未如明清时与女性挂钩,乃至其图像专誉皇族后妃。

田野考古发现的实物标本中,在史前时期已有凤的造型的玉雕艺术品。在东北,辽宁牛河梁的红山文化墓葬(N16M4)中,在死者头部发现有玉凤,高冠华羽,是伏卧姿态(**图一**)。在另一

图一 辽宁牛河梁出土红山文化玉凤(正面和背面)

图二　辽宁牛河梁出土红山
　　　文化玉凤首

图三　湖北天门罗家柏岭出
　　　土石家河文化玉凤

座墓葬（N2Z1M17）也出土有玉凤首，高冠，喙尖略下钩，似鹰喙（图二）。在南方，湖北天门罗家柏岭出土了石家河文化的玉凤环，高冠华尾的造型已具有后世凤纹的形貌特征（图三）。湖南澧县孙家岗出土的透雕凤形玉佩，其上凤纹也是高冠华尾（图四）。到殷商时期，安阳殷墟妇好墓出土的玉器中，有一件玉凤，侧身立姿，高冠华尾，整体外轮廓线形成圆润的弧线，十分优美（图五）。

图四　湖南澧县孙家岗出土玉凤　　　　　图五　河南安阳殷墟妇好墓出土玉凤

在同时期青铜礼器的装饰纹样中，出现一种学者称之为"鸟纹"的图案。殷商时期先出现的是"小鸟纹"，到殷末周初，开始出现"大鸟纹"，它有高冠和华丽的长尾。这种大鸟纹到西周中期的康王至穆王时期达到高峰，在陕西扶风庄白铜器窖藏出土的丰尊（图六）、丰卣（图七）上的大鸟纹，就是代表，鸟头上的羽冠华丽高耸而纷披，尾羽长而卷曲，应即凤鸟。而从庄白西周墓中出土的戜簋，不仅簋腹饰有华美的凤鸟图案，而且两侧的簋耳铸成凤鸟的造型（图八）。同时，有的青铜器的器盖也铸成立体的伏卧姿态的凤鸟，例如陕西长安花园村出土的铜盉（图九），以及陕西宝鸡眉县出土的逨盉（图一〇）。

图六　陕西扶风庄白西周墓出土丰尊　　　　图七　陕西扶风庄白西周墓出土丰卣

图八　陕西扶风西周墓出土㝬簋　　　　图九　陕西长安花园村出土西周凤鸟形盖铜盉

图一〇　陕西宝鸡眉县出土西周逨盉

　　上述考古发现反映出自史前到殷周时期，从氏族首领到国君贵族都钟爱凤鸟，所以它的图像才会不断地出现在玉器和青铜礼器的装饰图纹中。这应与凤凰出现表示祥瑞的传说有关。后世有黄帝受凤凰衔图、凤凰负图授尧帝等传说，见《初学记》引《春秋合诚图》。此外，《艺文类聚》引《春秋元命苞》又说："火离为凤皇，衔书游文王之都，故武王受凤书之纪。"凤凰衔书的瑞应表明，周文王、周武王受天命，故而西周兴盛，西周青铜礼器上常见"大鸟纹"（凤纹），可能与此有关。

　　先秦时期，又将凤列为"四灵"之一。《礼记·礼运》说："麟、凤、龟、龙，谓之四灵。"又说："凤以为畜，故鸟不獝（按：獝，惊飞也）。"但是到了后代，"四灵"又有新的解释。《三辅黄图》

图一一　陕西咸阳塔尔坡西汉墓出土空心砖上的朱雀图像（拓片）

中说："苍龙、白虎、朱雀、玄武，天之四灵，以正四方，王者制宫阙殿阁取法焉。"《史记·天官书》将星宿按方位分为四宫，各以动物形象为代表，即东宫苍龙、南宫朱鸟、西宫咸池（"索隐"引《文耀钩》云："西宫白帝，其精白虎"）、北宫玄武。所以"四灵"（又称"四神"）的图像代表东、南、西、北四个方位。在西汉都城长安城南的礼制建筑遗址中，在四面的门址出土的瓦当的图像，就分别是苍龙（青龙）、朱鸟（朱雀）、白虎和玄武（参见本书《瓦当》图四至图七）。在长安地区的西汉陵墓中出土的画像空心砖，也常见"四神"图像。例如在汉武帝茂陵出土的空心砖，已发现朱雀、白虎和玄武的图像，其中的朱雀图像高冠华尾，很是漂亮（参见本书《中国画像砖艺术的轨迹》图四）。在陕西咸阳塔尔坡发掘的西汉墓，以空心砖构筑，砖上主要的装饰图纹为四神纹，朱雀图像姿态多变（图一一），但高冠华尾的基本构图与茂陵空心砖相同。此后，四神图像在汉魏南北朝时期被广泛地使用在瓦当、画像砖、壁画及至铜镜背面的装饰图样中。六朝以后墓志盛行，四神图案也普遍用于墓志盖四面的图纹中。

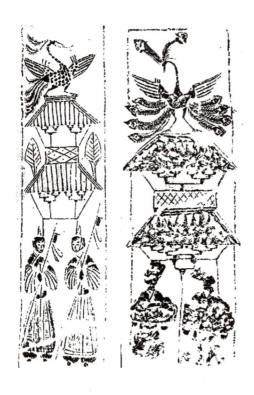

图一二　河南南阳出土汉画
像砖上的凤阙图像
（拓片）

图一三　河南南阳出土汉画
像砖上的凤阙及正
面凤纹（拓片）

　　先秦以来传统的凤纹图像，在汉代也依然流行。在表现建筑
物的汉代画像中，特别是门阙的图像，常见凤阙。在四川成都扬
子山出土的汉代凤阙画像砖，就是很好的例子。河南南阳的画
像砖中，也有许多构图精美的凤阙，一般阙顶的凤是侧立的（图
一二），但也有的是正面立姿，长尾向两侧披拂，更显华丽优美（图
一三、一四）。

由于凤和朱雀同样是汉魏六朝时人们宠信的神鸟，而且在人们的想象中都是羽毛艳丽、高冠华尾的造型，所以当时从事画塑的匠人，并没有像现代研究图像学或类型学的人们那样，从细琐的局部去区分其特征，而是将这两种神鸟刻绘得尽量华美，壁画更是施以鲜亮华丽的

图一四 河南南阳出土汉画像砖凤阙上的凤纹局部（拓片）

色彩（**图一五**），以吸引观众的眼球。所以今人在进行图像学研究时，只有借助榜题或其他参照物来区分。与青龙、白虎和玄武一起出现时，自然是四神中的朱雀；如在门阙上站立，自应是凤。但是没有榜题和参照物就让人分不清楚。例如在河南新安县里河村汉代壁画墓中，有一处绘有高冠华尾的神鸟（**图一六**），在已出版的关于古代墓室的两种大型图录中，对其的说明文字，一种写作凤，另一种则写为朱雀。对凤和朱雀造型的混淆，南北朝时期依然如此，我们还是得依据榜题或其他参照物来区分。河南邓县南朝墓出土画像砖中，有榜题"凤皇"的图像（**图一七**），它的身前身后还簇拥着许多小鸟，显示出凤统领众鸟的威仪。

图一五　河南洛阳烧沟汉代卜千秋
　　　　墓壁画上的朱雀图像

图一六　河南新安里河村汉墓壁画
　　　　上的神鸟图像

图一七　河南邓县南朝墓出土画像砖上的"凤皇"图像

在河北磁县东魏北齐时期的上层人物的壁画墓中，除了表现方位的四神图像中的神鸟可确定为朱雀外，另一些神鸟也常被视为朱雀。特别是墓门上方所绘大幅的正面站立的高冠华尾的神鸟，通常人们称之为"朱雀"，其位置在门阙之上，如果与汉代凤阙画像对比，似应视为"凤"。对此不必过分纠结，我们只去欣赏古人对想象中的神鸟的艺术造型即可。

唐代以后，汉魏六朝时盛行的四神纹日趋衰微，不再流行于墓室壁画以及日用器物上，凤纹则一枝独秀。同时，在一些反映宫廷中仕女的图像中，作为头饰的钗头装饰图案中出现凤纹，例如懿德太子墓石椁门上线雕女官图像，头旁伸出的发簪（也或是双股的钗）就装饰有凤，凤喙衔下垂的珠饰（图一八）。

凤纹进入宫廷高层妇女的冠饰，至少在汉代已有记载。《续

图一八 陕西唐懿德太子
墓石椁上的线雕
女官（线描图）

汉书·舆服志》记载，太皇太后、皇太后入庙服，"簪以瑇瑁为
摘（ zhì ），长一尺，端为华胜，上为凤皇爵，以翡翠为毛羽，
下有白珠，垂黄金镊。"这种以凤为饰的簪，在唐代宫廷中仍使用。
前述唐懿德太子墓石椁门上的女官头部插有凤纹簪，即为明证。

图一九　陕西法门寺唐塔地宫出土的六臂观音金函盖顶上的双凤图像

　　同时，专为皇室修造金银器的文思院等机构所造器物，也常以龙凤为饰（图一九）。

　　北宋时期，凤纹已列入后妃服制之中，妃首饰花九株，冠饰以九翚（huī）、四凤。据《宋史·舆服志》，后妃之服，南宋时依北宋旧制。皇太后、皇后的龙凤花钗冠，大小花二十四株；皇太子妃的花钗冠，大小花十八株，去龙凤。北宋皇后所戴冠，可以从当时画院画家给仁宗皇后（可能是曹皇后）所绘坐像，看

图二〇　明代定陵出土的万历帝孝靖后的十二龙九凤冠

出其形制（参见本书《椅子的出现》图一五）。同时，还对官员
和庶民的服制有严格的规定，从此凤的造型不再出现于平民的服
饰之中。以后统治中国的王朝所规定的舆服制度中，凤仍是后妃
所专用。《明史·舆服志》记载，洪武三年（1370 年）规定的
舆服制度，皇后礼服所戴冠："圆匡冒以翡翠，上饰九龙四凤，
大花十二树，小花数如之，两博鬓，十二钿。"到永乐三年（1405
年）再定制，皇后冠"饰翠龙九，金凤四，中一龙衔大珠一，上
有翠盖，下垂珠结，余皆口衔珠滴"。皇后常服冠"双凤翊龙冠"，
按永乐三年定制，冠"上饰金龙一，翊以珠。翠凤二，皆口衔环

图二一　明代定陵出土的万历帝孝靖后的六龙三凤冠

滴"。这也就是俗称的"凤冠"，其实纹饰仍以龙为主。明代凤
冠实物，在定陵中有出土，并经复原。孝瑞、孝靖两位皇后各两
件，冠上龙凤的数量均比永乐时服制规定要多，这表明，到明万
历帝时，舆服制度已有改变。孝靖后的两件，一为十二龙九凤冠
（图二〇），另一为六龙三凤冠（图二一）。到了清代，帝后舆服制
度虽因民族特征而有所改变，但龙凤纹饰仍为宫廷所垄断。

　　辛亥革命以后，一直禁锢在宫廷中的华美的凤鸟纹饰才又普
及至民间，成为所有人都能享用的吉祥图案。直至今日，凤仍为
中华民族广大群众所喜爱。

龙舞晴空

　　节日舞龙，已是中华民族流传久远的习俗，不论在祖国大陆还是台湾等沿海岛屿，乃至离家千万里侨居世界不同地方的炎黄子孙，在欢度民族节日或举行庆典时，总忘不了演出那欢快火炽的龙舞。彩扎长龙，在多人举舞中，随着锣鼓的节拍，翻滚进退，矫健起舞。特别是入夜后舞起的龙灯，如四川的火龙，赤膊的壮汉高举遍体鳞甲通明的光焰长龙，在夜色中蟠转飞腾，散播着光明和欢乐，发出奋发向上的豪情，象征着中华各族人民不畏艰险的传统民族精神。飞舞的彩龙也像是一条纽带，将生活在地球不同角落的所有炎黄子孙的心连结在一起。

　　谈到龙舞，其起源虽不十分清楚，但人们常引述《春秋繁露》中有关求雨时舞龙的记述，可知西汉时已有，再上溯其渊源，至少在先秦或更早。但是沿袭至今，地无分南北，民族无分汉苗或其他民族，龙舞的道具——龙都有着共同的特征，都有制工精美的巨大龙头，其后接连着颇为修长的躯体，由若干节接合而成，每节下面有长杆供舞龙者执握，短的龙躯有9节，长的多达几十节，

图一　内蒙古翁牛特旗出土红山文化玉龙　　图二　辽宁出土红山文化玉猪龙

但是躯体上绝没有腿和爪，犹如长蛇一般，只是背脊上竖立有鳍，从颈部直伸延到尾部。巨首长身而无足的造型，令人不得不联想起史前玉龙的形貌特征。在内蒙古翁牛特旗三星他拉出土的红山文化玉龙（图一），至迟是距今 5000 年前的玉雕精品，其形貌特征正是在硕大的头颅后连接着修长的蜷勾的身躯，没有腿、爪。头上吻部前伸而前端平齐，有人说像猪，有人说像熊，还有人说像马……总之是个头大而身躯修长蜷勾的神奇之物。类似造型的玉龙，在内蒙古、辽宁等地红山文化遗址中屡有发现，有的头部更粗大，身躯勾蜷得更甚，乃至首尾接近呈玦形（图二）。

　　较其时代更早的内蒙古敖汉旗小山遗址出土过一件属于赵宝沟文化的陶尊，上面有几个纠缠搏斗的神怪的图像，其中一个是长吻獠牙蛇躯，身上似有羽翼，或被认为与红山蜷勾的龙有关，其实可能是与战神有关的原始神怪（参见本书《亥年话猪》图一）。在艺术造型上与三星他拉玉龙更为接近的史前玉雕，看来是远在

图三　山西襄汾陶寺出土龙纹彩绘陶盘

南方的史前文化的遗物。在安徽含山县凌家滩遗址出土的玉雕中，也有大头身躯修长蜷勾的玉龙，没有腿、爪，勾反的尾端甚至与下颏相连，只是头上有角而背鳍更明显。同样身躯修长蜷勾而无足的史前龙的图像，稍后出现于山西襄汾陶寺龙山文化的陶盘绘纹中，但它的头稍小而口中牙齿明显，并有长舌外吐，身躯遍布鳞纹（图三）。到了商代，巨头长体无足的龙纹为商人所承继，殷墟妇好墓出土的玉龙（图四）仍是这样的造型，同墓出土铜盘内心所饰龙纹更是精美，硕大的龙头在盘心中央，更为修长的身躯周环蟠转，极富图案韵律，均无脚、爪，头生双角而身躯上鳞片密布。甲骨文中的龙字，也正是采自巨首长身无足龙纹的象形而成。由此看来，龙舞或许真的与史前到殷商的文化渊源有关亦未可知。同时巨首长体无足龙纹的发展轨迹，也可表明中华先民自古就有着民族文化的共性和向心力，这也是直至今日中华民族凝聚统一的精神象征，炎黄子孙欢舞于世界各处的长龙，不正给人以启迪吗？民族要团结，国家要统一，这是历史潮流的必然趋向。

除了巨首长体无足的龙以外，史前艺术中也出现过一些模拟自现实生物、被一些人认为是"龙"的图像，如模拟扬子鳄的蚌塑图像，它出现于河南濮阳西水坡；还有模拟鲵鱼（娃娃鱼）图像的，它出现于甘肃马家窑文化彩陶图纹中，等等。它们虽有四足，但与秦汉以后的四足龙不同，那些行进姿态的龙的肢体修长，与白虎一样是模拟走兽的姿态，与四肢短小的爬行动物无涉。

如前所述，由于远古文化的汇聚融合，商殷时龙的形貌日趋丰满成熟。但直到春秋、战国时期，与当时各地分立的诸侯国的政治形势适应，作为青铜器、丝织品等的装饰纹样，龙纹仍然形

图四　河南安阳殷墟妇好
　　　墓出土玉龙

图五　河北平山战国中山
　　　王墓出土龙形玉佩

235

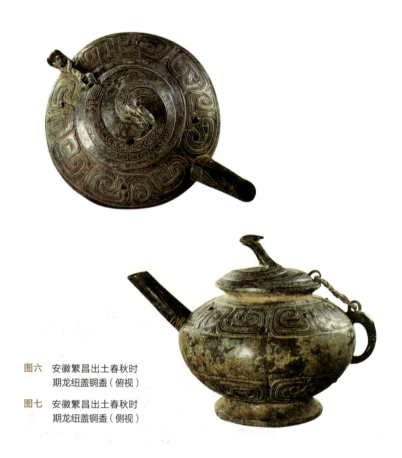

图六　安徽繁昌出土春秋时
　　　期龙纽盖铜盉（俯视）

图七　安徽繁昌出土春秋时
　　　期龙纽盖铜盉（侧视）

貌繁多，富于变化（图五），造型亦因时代、地域的不同而有差异（图六、七）。秦始皇统一六国以后，龙纹也逐渐规范化。到西汉时更定型为身躯修长、鳞甲遍体、四足有爪、顶生长角的外貌。它经常与朱雀、白虎和玄武一起出现，分别是四方星宿的象征，又合称"四灵"或"四神"（图八）。南北朝以后，龙的体态由汉代过分修长转向较为丰满，更显神俊，背脊起竖的鳍甲日趋明显，肘后或有羽翼，最典型的形貌是丹阳南朝大墓壁上拼镶的巨幅砖画。直到隋唐宋元，龙仍然是常见的装饰图案，不断出现在日用的铜镜（图九）和陶瓷器皿之上（图一〇、——），在拟人化的"十二

图八　汉代青龙纹瓦当

图九　河南偃师杏园唐墓
　　　出土龙纹铜镜

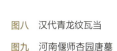

图一〇　元代蓝釉白龙
　　　　纹梅瓶

图一一　元青花云龙纹
　　　　带盖梅瓶

辰"图像于隋唐时流行以后，龙首人体袍服形貌的"辰"俑，成为后世小说戏曲中描绘龙王冠冕龙首人身艺术造型的祖型。

　　虽然很早就把龙与封建帝王联系在一起，如称秦始皇为"祖龙"。但是只有到明清时期，它才最终被禁锢于宫廷之中，成为不准百姓使用的御用图案和皇权的象征。即使如此，森严的禁令还是无法阻隔几千年来龙的形象与中华民族成长过程形成的联系，它不但长存于文学作品的描述里，也保留在民俗活动中，五月端阳的龙舟竞渡就是最生动的事例。

　　（写于 2000 年，后收入《逝去的风韵——杨泓谈文物》，中华书局，2007 年）

后记

2007 年，曾编成文集《逝去的风韵——杨泓谈文物》，由中华书局出版。2019 年 12 月 27 日，文物出版社张小舟陪同张玮来访，商定重出该书。现在该书中所辑考古文物小品文稿的基础上，经郑彤精细检选增删，选定 29 篇，分编为文化篇和艺术篇，并仔细调整了附图，重定名《风雅中国——杨泓说文物》。

书中所辑考古文物小品，主要写于 20 世纪 60 年代初至 90 年代末，由于分别发表于大陆和香港的不同报刊，主要有《北京晚报》《羊城晚报》《人民日报》《人民日报》海外版、《中国文物报》和香港《文汇报》等报纸，还有《文物》《文物天地》和香港《美术家》等刊物，故体例不同，篇幅各异，字数多在两三百字至一两千字，均系向一般读者介绍考古文物知识的小品。各稿从撰写到刊出过程中，曾受到许多友人的多方帮助和精心编辑，先后有曹尔泗、徐苹芳、徐元邦、朱育莲、殷之慧、王世襄、郁风、黄苗子、李松涛（李松）、戴文葆、沈玉成、赵玲珠、刘志雄、吴铁梅、商志𪩘、麦英豪、祁雪林、许涿等，其中多位现已仙逝，但友情当永志不忘。

现《风雅中国——杨泓说文物》即将出版，谨向文物出版社和张玮、张小舟、郑彤致谢。

杨　泓

2022 年 2 月 12 日

风雅中国
——杨泓说文物